KB165390

무당도 직업이다

〈알립니다〉

이 책의 〈Q〉와 〈에피소드〉는 최광현 보살님의 인터뷰로 작성되어 개인적인 경험담과 의견일 수 있음을 이해하고 양지해 주시기 바랍니다.

또한 에피소드 대화체는 무속인의 생활을 실감 나게 전달하기 위해 무속인의 용어와 맞춤법에 맞지 않는 일부 표현을 사용했습니다.

커리어북스 직업 시리즈 01 ▽ ▽ ▽

무당도 직업이다

최광현, 커리어북스 편집부 지음

커리어북스
CAREER BOOKS

프롤로그

최근 미디어에서 출연진의 미래를 사주나 타로, 신점으로 풀어주는 프로그램이 많아졌다. 재미로 출연진 간 궁합을 봐주기도 하고, 미래를 점치며 앞으로의 활동 계획에 조언하기도 한다. SBS 예능 프로그램인 '런닝맨'에서는 연초에 출연진의 그 해 사주를 본다. 실제로 해마다 바짝 엎드려 있으라는 사주가 나와 웃음을 선사했던 지석진이 2021년도부터는 운이 트인다고 했는데 '놀면 뭐하니' 프로그램을 통해 가수로 한발 내딛는 한 해가 되었다. 타로로 유명한 한 전문가는 '나는 컨설팅을 한다'라며, 자신에게 인생의 컨설팅(조언)을 요구하라고 한다.

우리는 심리상담하듯이 인생의 큰 결정을 하거나 깊은 고민이 있을 때 우리는 이러한 신점이나, 사주 등에 힘을 빌려왔다. 그러나, 인생의 고민을 들어주는 그들은 정작 천대받는 직업으로 여겨진다. 무형문화재인 김금화 선생을 영화화한 영화 〈만신〉의 박찬경 감독은 영화에 대해서 가장 많이 받은 질문으로 '왜 무속을 다루는가?'를 꼽았으며 이 질문에 이미 무속은 양지의 문화가 아니라는 개념이 들어있다고 했다.

이것의 원인 중 하나로 현대사회의 이전인 조선시대에서 무당의 신분이 천민이었음을 무시할 수 없을 것이다. 그러나 따지고 들자면 과거에 천대받지 않았던 직업을 찾는 것이 더 어렵다. 요즘 초등학생 장래 희망 1위를 다투는 아이돌은 '가수'라는 직업으로 과거에 '딴따라'라고 불리며 천대받았다. '배우'는 어떠한가? 연예인처럼 대중 앞에서 연기하거나 공연하는 직업은 과거에는 '광대'라고 불리었다. 그렇게 천대받던 연예인이라는 직업은 자본주의 사회에서 가장 큰 경제력과 영향력을 가진 직업으로 성장했다. 그런데 무속인의 사회적 지위나 직업적인 위상은 왜 달라지지 않는가?

대통령 선거일이 다가오고 있다. 유명한 사주, 신점 전문가들은 너나 할 것 없이 나라의 미래를 점치고 있다. 코로나로 2년간 힘들었던 우리도 2022년에는 형편이 조금 나아질지 궁금하다. 최근 한 뉴스에서 정치계 거물급의 사주만 보는 전문가가 각 대통령 후보의 사주에 관해 이야기하며 선거가 봄에 치러지니 봄기운이 강한 후보가 대통령이 될 것이라고 추정했다. 우리는 인생의 대운이라는 것이 실제로 존재함을 실감하는 사건을 종종 볼 수 있다. 이런 이유로 국가적, 개인적으로 큰일에 간혹 무속의 힘을 빌려왔다.

그런데도 신점을 보는 무당의 팔자는 기구하다. 그들이 소히 말하는 '신내림'을 받지 않기 위해 어떤 일까지 겪었는지에 관한 에피소드는 간간히 접할 수 있다. 그들은 왜 '신내림'을 받지 않기 위해 이토록 처절하게 노력하는 것일까? 조선시대에는 무당이 왕의 미래와 나라의 미래를 점치며 굿판을 거하게 벌였다. 왕과 함께 잔치를 벌이던 그들의 직업적인 애환이 무엇일까? 조상 중 신점 능력이 있는 사람이 있다면 자손이 신내림을 받을 확률이 높아진다고 한다. 그것이 사실일까? 산에 올라가 산 기운을 받고 내려온다는데 왜 기도하러 산에 올라가는 것일까? 집안에 정말 힘든 일이 있다. 어디를 가도 굿을 하라는데 비용이 천차만별이다. 적정한 굿 비용은 어느 정도일까?

대중의 무속에 관한 궁금증을 현업에서 일하는 전문 무속인을 통해 답하고 무당에 관한 연구를 부수적으로 설명해 객관적이면서도 주관적인 궁금점도 함께 해소하고자 했다. 이제 인정하는 것이 필요하다. 그들이 선택했건, 선택되었건 하나의 직업에 속한다. 이것이 종교인지, 일(work)인지에 관한 논쟁은 이 책에서는 하지 않으려고 한다. 다만, 무당에 관한 논문과 이 분야에서 유명한 최광현 보살님의 인터뷰를 통해 직업으로의 무속인에 관해 접근하려고 한다.

이제 새해 운세를 점치는 예능 프로그램을 편안하게 웃으면서 보는 것처럼 그들의 직업도 편하게 받아들일 때가 되었다. 직업의 귀천은 없다. 2021년 직업적인 가장 큰 변화는 무대에서 조명 아래 어두운 그림자와 같던 댄서들이 '스우파'라는 프로그램을 통해 재조명되었다는 것이다. 따라 하기 힘든 춤에 대한 그들만의 전문적인 스킬과 안목은 대중의 이목을 끌기에 충분했다. 이미 댄서의 세계에도 전문인과 비전문인의 경계는 존재하고 있었다. 그러한 전문성에 관해 이제야 대중에게 알려진 것일 뿐이다.

이 책의 구성은 처음에 무당의 연구자료를 통해 객관적인 내용을 제시한다. 그리고 Q를 통해 대중의 무당에 관한 궁금증을 해소하고, 마지막으로 에피소드로 실제 대화를 보여줌으로써 언어로 표현하는 무(巫)의 세계의 한계점을 극복하고자 했다. 이는 현재 무속인에 관한 연구가 부족하지만 없는 것은 아니며 무(巫)에 관한 대중의 이해도를 높이기 위해 객관적인 자료를 제시하지만, 객관적인 이론만으로는 설명이 부족한 영의 세계를 실질적인 무당의 인터뷰와 에피소드를 통해 최대한 구체화하고 사실화하고자 노력해 만든 구성이다.

우리 주변에 늘 있어왔던 무당이라는 직업에 관해 그동안 너무 무지했던 것은 아닐까? 이 책을 통해 무속인에 관한 이해도를 높이고 대중의 궁금증을 해소할 수 있게 되길 희망한다. 마지막으로 인터뷰에 흔쾌히 응해주신 일월성신 최광현 보살님께 감사의 말씀을 전한다.

CONTENTS

PART 1

무당이란?

PART 2

무당이 되다

PART 3

무당으로 살다

만신이 되다

재미로 보는 2022 새해 신점

범은 기상이 높고 뜻이 깊은 사람이 나아갈 수 있는 해이다.
올해에는 중반부터 물이 많아 보이니 홍수를 조심하면 좋겠다.
코로나19로 힘든 상황이지만, 앞으로 코로나19의 종식은 보이지 않는다.
함께 더불어 현명하게 사는 방향을 선택함이 옳을 것이다.

소띠

소와 범은 부딪히는 것이 없어 무난한 한해이다. 올해 소띠는 두각을 나타내면서 횡재수가 빈번하고 금전의 모든 부분이 원활하게 돌아갈 것이다. 귀인운도 있고, 사업운도 좋다. 7, 8월만 조심한다면 특별히 나쁜 것은 없겠다.

쥐띠

쥐띠는 올해 삼재이나 괜찮은 운세이다. 문서의 이동수가 빈번하게 일어나고 재물의 운이 솟구치나 투자할 일이 있으면 모든 것을 신중하게 고려해서 투자함이 좋다.

범띠

올해는 범띠 해로 강한 흑범의 해이다. 모든 것을 서두르지 말고 천천히 진행한다면 운칠기삼의 행운 년이 되겠다. 그러나 구설과 관재를 조심하고 건강을 챙겼으면 좋겠다.

토끼띠

올해는 토끼띠에 무척 좋은 한 해로 횡재수가 있다. 기묘생, 을묘생, 정묘생 토끼띠는 꿈을 잘 꾼 날에는 복권이나 주식을 사면 좋을 것이다. 모든 것이 다 원활하고 순조로울 것인데 건강만 조심해라.

용띠

용띠는 삼재이나 올해 나쁘지 않다. 용띠는 작년에는 매우 힘들었는데, 올해에는 대박의 조짐이 보이니 준비하고 기다려라. 올해는 시비 수만 조심하면 무해 무덕하게 지나가는 한 해이다. 금전이나 사고도 조심하자.

뱀띠

문서와 금전운이 뱀띠는 내년에 들어온다. 어린 새끼 뱀이 큰 뱀이 되어 회동하는 해이다. 작년에 건강이 좋지 못한 사람이 있었을 텐데 올해도 항상 건강과 구설을 조심해라.

말띠

말띠는 이루고자 하는 것을 이루는 한 해가 될 것이다. 작은 조랑말이 날개를 다는 말로 승화하는 한 해이다. 운칠기삼의 운을 받아 과감하게 투자해라. 그러나 성급하게 투자하면 손해를 볼 것이다. 옛 지인에게 좋은 소식이 올 것이다.

양띠

양띠는 올해에는 고집을 부리면 손해가 날 것이요. 협력하면 좋은 호재의 기운이 있으니 서로 의논하고 상의해서 모든 것을 행하라.

원숭이띠

원숭이띠는 올해부터 삼재가 시작되니 무조건 건강, 사랑, 돈 모든 것을 조심해야 한다. 사고, 건강, 시비 등을 조심해야 한다.

닭띠

닭띠는 올해에 좋은 운세이다. 과감하게 투자하고 재지 말고 뛰어야 하는 운세이다. 야간에 활동을 자제하고, 주로 낮에 활동하라. 밤에 운전할 때 조심해라.

개띠

개띠는 올해 범의 해로 원진살이 있으니 욕심을 부리면 화가 올 것이요, 나를 낮추면 복이 들어와서 좋은 일이 성사될 것이다. 뭐든 조심하는 한 해가 되는 것이 좋겠다. 그러나 금전운은 괜찮을 것이다.

돼지띠

올해에 두려운 것이 없으니 투자하고 정진하고 열심히 하다 보면 좋은 일이 벌어질 것이다. 하반기에 땅을 사면 대박날 수 있다. 흩어진 금전은 모아서 투자하는 것이 좋다. 그러나 욕심을 부리면 화를 부를 것이니 욕심을 자제해라.

• 띠별 운세는 대략적인 운세로 정확한 운세는 개인 사주에 따라 다를 수 있음

PART 1

무당이란?

001

무당이란 무엇인가?

고려시대 이전에는 종교와 정치가 하나여서

왕은 신관을 겸직했고, 무당은 위상이 높은 직업이었다.

조선시대부터 천한 계통으로 취급되었으나,

현대에 와서 굿은 유네스코 세계문화유산으로 등재되며

한국의 독특한 문화로 인정되고 있다.

무당이라는 단어를 모르는 이는 거의 없을 것이다. 어느 동네나 깃발이 꽂힌 점집을 찾아낼 수 있을 정도로 우리 주변에 흔한 것이 무당이다. 그런데 무당이라는 단어의 어원과 그 의미에 대해서 생각해 본 사람은 과연 얼마나 될까? 과거에 어떤 위치였으며 그것이 현대까지 어떻게 직업적으로 성장해 왔는지 학문적으로는 어느 정도까지 연구되었는지 말이다. 어떤 분야의 발전과 도약을 위해서는 학문적인 바탕이 필요하다. 그렇다면, 무당에 관한 연구는 얼마나 진행되었을까에 관한 내용을 본 도서의 각 장 앞부분에 실으려고 한다.

무당이란, 학문적 의미에서 '신과 인간의 중간 사제자로서, 무당굿이나 점집에서 중심적인 역할을 수행하는 전문 직업인' 또는 '무병에 의해 신이 내려서 신당을 지어 신을 모시고 굿을 하는 사람'으로 개념을 정의하고 있다(임선진, 2010). 정식 명칭은 무속인으로 보통 대한민국의 전통적인 여성 샤먼을 가리키는 말이며 남성 샤먼은 박수 혹은 박사라 불리는데, 한국의 샤먼을 모두 총칭해서 무당이라고 부른다. 이러한 무당은 지역마다 호칭이 다른데 서울지역에서는 만신으로 불리며, 충청도에서는 법사나 보살, 경상도에서는 화랭이나 양중, 전라도에서는 단골레, 제주도에서는 심방이나 소미 등으로 불린다. 이러한 무당은 민족적인 단어이자 일반 명사로 취급받으며 현대에 와서는 지역에 상관없이 남자는 법사나 도사, 여자는 보살이나 선녀, 무녀라고 호칭하는 경우가 많다(나무위키).

무(巫)의 유형은 '강신 체험을 통해 성무한 무로 가무로 굿을 주관할 수 있고 영력에 의해 점을 치며 예언하는 사람'에 해당하는 무당형,

'춤과 노래로 굿을 진행하는 강신무와 세습무를 하는 사람'에 해당하는 가무무 즉, 춤추는 무당이 있다. 또한, 춤추지 않고 독경을 위주로 '앉은굿'을 행하는 법사, 굿의 절차를 잘 모르고 굿을 제대로 진행하지 못하며 주로 점이나 간단한 치성만을 행하는 미숙한 선무당까지 모두 무당의 개념에 포함된다.

이러한 무속 행위는 개업식에서의 돼지머리를 올리는 예식이나, 건설 현장의 기공식 등에서 행하는 고사 등에서 액을 물리치고 복을 불러오기 위한 의례 행위로 한국인의 삶의 맥락에 깊이 침투되어 있다. 한국에서 불교·유교·기독교 등 외래종교를 받아들이면서도 무속 요소가 가미된 형태로 변형시켜 이를 토착시킬 정도로 뿌리 깊은 무속 전통을 가진 것도 같은 맥락이라 볼 수 있다(김성례, 1999; 정수복, 2007).

주목할만한 것은 현대사회에까지 깊숙이 스며있는 사회적 양상에도 불구하고 무속의 중심에 있는 무당을 대하는 일반인의 태도는 여전히 부정적이라는 것이다. 조선시대 무당은 팔천의 하나로 꼽혀 백정, 기생, 승려, 광대, 상여군, 공장, 사노비와 함께 천민으로서 사회적 차별을 받아왔다(최길성, 1999). 이러한 제도적인 신분은 사라졌지만, 오랜 시간 동안 쌓여온 신분 관념은 현재까지 사라지지 않고 있다. 이에 관해 김성례 연구자는 이처럼 무당에 대한 사회적 인식이 낮은 이유로 각 학문 분야에서 무속 연구의 이론화가 체계적으로 진행되지 않은 점도 한 몫을 차지한다고 주장했다(김성례, 1991).

고려시대 이전에 무당은 꽤 위상이 높은 직업이었다. 신라시대 차차웅이 무당을 뜻하는 말이라는 설도 있는 것이 사실이다. 고대에는 대다수 왕이 무당을 겸하는 제정일치 사회였다. 즉 종교와 정치가 하나여서 왕은 신관을 겸직했다. 그러나 조선시대부터 천한 계통으로 취급받기 시작한다. 이러한 인식이 현대사회인 지금까지 영향을 미쳤다 해도 과언이 아닐 것이다.

무속인 중 강신 주술을 배운 사람은 일반인이 상상도 못 할 고행을 버텨야 하는 극한 직업이다. 무병으로 무당이 되기 전부터 보내야 하는 인고의 세월은 말할 것도 없이 무당이 된 이후의 여름이나 겨울이나 높은 산에 올라가 진행하는 기도와 한번 시작하면 몇 시간씩 진행하는 굿은 그야말로 고행의 길이다.

이처럼 낮은 사회적 인식과 수행의 고통을 겸하는 극한의 무당 중에서도 큰 굿거리를 진행하는 무당은 드물다. 이 때문에 큰 굿거리를 기준으로 국가에서도 무형문화재로 보호하고 있으며, 이들 중에는 유네스코의 인류 무형 문화재로 인정받은 분도 있다(나무위키, 무당).

직업코드는 상업적 서비스

또한, 무당은 법률상으로 종교가 아닌 상업적 서비스에 속한다. 이 때문에 면세자가 아니며 목사, 신부, 승려와는 다르게 종교적인 특권을 누리지 못한다. 실제로 최광현 작가님도 서비스업종으로 등록되어 있다는 것을 확인했다. 당연히 납세의 의무를 지니며 한국 표준 직업 분류에 의한 직업 코드는 41622이며 정식 명칭은 〈점술 관련 종사원〉

에 해당한다. 종교시설로 인정받는다면 각종 세금과 정부 정책의 혜택을 받을 수 있다. 예를 들면, 종교시설은 부동산의 취득세나 재산세가 면제된다. 이유는 수익사업을 하지 않는다는 이유이다. '지방세특례제한법 제50조 제2항'에서는 종교 및 제사를 목적으로 하는 단체가 과세기준일 현재 해당 사업에 직접 사용하는 부동산은 재산세를 면제받는다고 기재되어 있다.

종교시설의 이러한 혜택에 관한 찬반 논란이 끊이지 않고 있는데 이유는 악용하는 사례가 있기 때문이다. 예를 들어, 어떤 수련기관에서 수련생을 모집하고 수련생은 수련받는 조건으로 비용을 지급한다. 하지만, 수련기관의 장이 목사이기 때문에 종교시설로 등록하고 수련생이 지급한 비용을 교회에서 낸 헌금으로 둔갑시켜 탈세하기도 한다. 이처럼 다양한 문제로 찬반 논란이 뜨거운 종교시설로 무당은 2019년부터 민족종교로 인정받기 시작했다(P.160 참고).

무당에게 필요한 '존중'

앞서 언급했듯이 이 책에서 무속이 종교인지 아닌지는 논하지 않으려고 한다. 그렇다면 한 가지만 생각해 보자. 과연 세계적으로 그리고 국내에서도 보존하려고 노력하는 '굿 문화'를 우리는 어떻게 지켜낼 수 있을까? 우리는 차례와 제사를 지내는 민족이다. 초를 켜고 비는 행위인 무당의 기도는 조상의 전통문화와 깊게 연결되어 있다. 차례도 제사도 간소화되는 현대사회에서 나날이 낮아지는 출산율로 이제는 제사 지낼 자손조차 없을 수 있는 우리가 어떻게 전통적인 굿 문화를 지켜낼 수 있을까? 누군가는 이를 연구해야 하며, 누군가는 이것을 존중해야 한다. '무시'라는 코드가 아닌 '존중'이라는 코드가 함께 할 때 무속인의 전통문화는 미래에도 계승될 수 있을 것이다.

무속인에 관한 부정적인 대중의 고정관념은 미디어의 영향도 있다. '신비한 TV 서프라이즈'와 같은 프로그램에서 무당의 삶보다 대중의 흥미 유발을 위해 무당의 예언 능력 위주로 방송된다. 이 프로그램은 무당에 관한 직업적인 측면에 반해 무당의 능력이 진짜인지 아닌지 혹은 얼마나 사실을 맞추는지에 관해 초점이 맞추어져 있다. 이런 방송은 무속인이 인지적이지 않다는 부정적인 정서를 강조해 왔다.

이에 반해 최근의 사주나 타로, 신점을 통해 연예인의 인생을 카운슬링하는 방송은 지금까지의 방송과는 다른 측면을 보여준다. 연예인은 지금까지 자기 삶의 고충을 진실하게 고백하고 상담하는 역술인은 앞으로 이러한 일이 반복되지 않기 위해 자신의 어떤 점을 변화해야 하는지와 어느 시기부터 좋은 변화의 기운이 있는지 편안하게 말한다.

코로나19로 삶이 힘들어지며 다양한 힐링 프로그램이나 예능 프로그램에서 무속인과 역술인을 만날 수 있다. 이러한 변화는 지금까지의 무속인에 관한 고정관념을 바꾸기에 좋은 시기라고 판단된다. 많은 직업이 과거의 부정적인 인식을 벗어나 하나의 전문적인 직업으로 자리 잡았다. 직업의 인식변화 흐름을 타고 무속인도 하나의 긍정적인 직업으로 인정받기를 희망하는 바이다.

무속인에 관한 인식 변화에 발 벗고 노력하셨던 분이 김금화 선생님입니다. 김금화 선생님 덕분에 그동안 무속인에 관한 인식의 변화가 많이 일어났다고 생각해요. 김금화 선생님은 돌아가셨지만, 현재 제자 두 분이 독일에서 무속인으로 활동하고 계세요. 유튜브에서도 쉽게 찾아볼 수 있어서 저희도 소식을 전해 듣거든요. 독일 사람들은 활동하고 계신 이 두 분을 특별한 직업군으로 생각하며 존중하더라고요.

그러나, 한국 사회에서 현업에 종사하는 무속인으로서 사회 인식 전반이 변화되었다고 느끼기에 아직 부족한 점이 많은 것이 사실입니다. 저는 전에는 한식 요리사였어요. 방송에 나오는 몇 안 되는 남자 요리사로 요리 분야에서 인정받았고 나름 꿈도 많았는데 갑작스럽게 신내림을 받아야 하는 상황이 되어 모든 걸 내려놓았죠. 이런 과정의 힘듦은 말할 것도 없고 무당이 된 후에도 신도를 위해 깊은 산중에 들어가 어두운 밤에 초를 켜고 기도하지만, 그들은 일이 끝나면 후에 무당은 없는 경우도 있어요. 물론, 감사하게 생각하는 신도가 더 많지만 이런 일은 언제

겪어도 상처가 됩니다.

이것은 다른 종교에서도 겪는 일이라고 생각해요. 그러나, 기본적으로 그 종교에 갖는 사람의 인식은 이런 일이 일어나면 '태도'로 나타나기 마련이에요. '무시'라는 인식과 '태도'는 이런 면에서 연관성이 있죠. 과거에 그랬던 것처럼 앞으로 무속도 종교 중 하나로 인식되고 존중되었으면 하는 바람입니다. 나와 다르다고 해서 비판할 필요는 없죠. 그것은 다름일 뿐이지 틀림은 아니니까요.

무당을 직업인의 하나로 바라봐주길 바라는 것뿐이에요. 과거에 비해 무속인에 관한 인식이 많이 좋아졌어요. 예능 프로그램에 나오는 것이 부담 없이 받아들인다는 뜻 아니겠습니까? 방송에 나오는 무당을 보며 생각합니다. '이제 예능 프로그램에서 무당에 관해서도 편안하게 얘기하는구나!' 이런 분위기를 타고 직업으로 그리고 사회적으로도 더 인정받았으면 하는 바람입니다. 방송은 곧 대중의 시선이면서 대중의 인식을 만들어내죠. 그러나 앞으로 더 충분한 인식 변화가 필요하다고 생각합니다. 과거 김금화 선생님처럼 이 시대의 무당 중 한 사람으로 더 노력하며 살려고 해요. 그래서 오늘도 더 기도 정진합니다.

중요무형문화재 제81-나 호로 서해안 풍어제 배연신굿 및 대동굿 기·예능 보유자로 '당일 만신', '홍길동 만신' 등의 별호로 불릴 정도로 전문 무당으로서의 위치를 확보하였다. 1967년 10월 13일 전국민속경연대회에 참가하여 '연평 노래'와 배연신굿 공연으로 개인상을 받으며 방송과 언론에 처음으로 소개되었다. 이후 한미수교 100주년 기념 문화사절단으로 초청받는 등 가장 많은 해외 초청 공연을 했다. 국내에서의 초청공연, 학술강연 및 강의, 굿 시연 등 활동 경력은 셀 수 없이 많다. 또한, 『김금화의 무가집-거므나따에 만신 희나백성의 노래』(문음사, 1995) 등 무속 관련 지식과 방대한 내용을 책으로 출판했다. 이러한 김금화에게는 특히 외국인을 포함해서 국내외에서 고등교육을 받은 신딸이 많다. 이 외에도 전 대통령의 추모제 등과 같은 국가적으로 큰 일이 있을 때 추모제를 진행하기도 했다.

— 신과 인간의 매개자, 〈나라만신〉 김금화 인터뷰(YTN news)

아래는 2014년 4·16 세월호 참사 당시 인천 연안에서 진행한 진혼굿의 한 장면이다. 이 사건으로 사망한 300여 명의 희생자 넋을 기리는 굿이었다. 세계적으로 유명한 백남준 비디오 아티스트의 1주기 추모굿 등 과거와 마찬가지로 나라의 큰일에 무당의 굿은 함께 하고 있다.

세월호 참사 사건의 진혼굿 장면

김금화 선생님의 생은 영화 '만신'으로 제작되어 2014년 3월에 개봉했다. 주인공 김금화 선생님은 배우 문소리, 류현경, 김새론 3인이 1역으로 열연했으며, 기자 간담회에서 김금화 선생님은 '굿을 예술로 느꼈으면 좋겠다'라고 대중에 조언했다. 또한, 무당은 하늘의 뜻을 땅에 전하고 사람의 말을 하늘에 전하는 이라고 표현했다. '만신'은 제16회 이탈리아 아시아티카 영화제의 개막작과 뉴욕아시안영화제 폐막작으로 선정되는 등 외국의 많은 관심을 받았다. 한국의 무속신앙에 대해 현지 관객들의 높은 관심이 있었다고 한다.

영화 • 만신 | MANSHIN: Ten Thousand Spirits

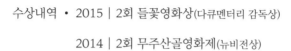

개요 • 다큐멘터리(104분)

개봉 • 2014. 3. 6.

수상내역 • 2015 | 2회 들꽃영화상(다큐멘터리 감독상)

　　　　2014 | 2회 무주산골영화제(뉴비전상)

감독 • 박찬경

주연 • 김새론(유년 김금화 역), 류현경(새만신 김금화 역), 문소리(70년대 김금화 역), 김금화

감본 • 박찬경

나레이터 • 김상현

소개 • 넘세, 신을 만나다 일제강점기, 14살의 금화 '넘세'(김새론)는 위안부 소집을 피해 시집을 가지만 시대의 모진 구박과 배고픔을 견디지 못하고 친정으로 도망친다. 남들이 보지 못하는 걸 보고, 듣지 못하는 걸 듣는 남다른 아이였던 넘세는 고통스러운 신병을 앓으며 유년 시절을 보낸다.

새만신, 신을 받다 1948년, 열일곱 비단 꽃 같은 소녀 '금화'(류현경)는 운명을 피하지 않고 신내림을 받아 무당이 된다. 한국전쟁이 발발하자 남과 북의 스파이로 오인 받아 여러 차례 죽을 고비를 넘기면서도 산 자와 죽은 자의 아픔을 위로한다.

만신, 신과 살아가다 1970년대, 중년이 된 '금화'(문소리)는 만신으로서 이름을 알리지만 새마을 운동의 '미신타파' 움직임으로 탄압과 멸시를 받는다. 여인으로서, 무속인으로서 힘겨운 삶을 살아가면서도 위엄과 자존감을 잃지 않던 그녀는 자신의 삶을 적극적으로 바꿔나가며 대한민국 최고의 나라만신으로 거듭나게 되는데….

영화 〈만신〉 포스터

에피소드_ 영화 〈만신〉

영화 〈만신〉에 관한 박찬경 감독의 인터뷰 중 일부를 이번 에피소드에 넣고자 한다. 박찬경 감독은 김금화의 자서전을 읽고 마음이 흔들려서 영화를 만들었다고 한다. 김금화는 이름조차 없이 태어나 12세에 무병을 앓고 17세에 내림굿을 받아 중요무형문화재 예능 보유자가 되었다. 무속인을 무시하는 한국이 아닌 세계가 먼저 인정한 굿의 천재 만신 김금화의 이야기이다.

박찬경 감독은 세계적으로 유명한 박찬욱 감독의 동생이기도 하다. 그는 미술 전공으로 박찬욱 감독의 영화에서 미술감독을 맡기도 했다. 2014년에 발표된 영화 〈만신〉은 그해에 개봉한 국내 다양성 영화 중 관객 수 1위를 기록했다. 아래는 인터뷰 중 이 책의 내용과 관련 있는 일부만 발췌했다(예스24, 조이뉴스24).

질문 이 영화에 관해 가장 기억에 남는 질문은 무엇인가?

감독 '왜 무속을 다루는가?'라는 질문을 가장 많이 받았다. 만약 내가 목사나 신부의 삶을 다루었다면 이런 질문은 하지 않았을 거다. 이 질문 속에는 이미 무속은 양지의 문화가 아니라는 개념이 들어있다.

한국사에서 무당은 독특한 위치에 있다. 사람들은 가장 힘들고 어려울 때 무당을 찾아 자신의 회복을 기원한다. 그러기에 무당은 이런 사람들의 고통을 누구보다 잘 안다. 어떤 종교를 믿는지는 중요하지 않다. 모든 종교인은 성스러움을 존중하고, 다른 세상에 대한 관심도 많지 않은가? 영화 〈만신〉에는 어떻게 보면 한 여성의 역사와 무속인의 역사가 겹쳐 있다.

영화를 찍으며 실제로 접한 굿은 어땠나?

일단 굿은 준비과정이 엄청나다. 제사상을 차리는 일에서부터 소품을 만드는 일까지 거의 매일 쉬지 않고 준비해야 한다. 그러면서 무당은 틈틈이 산에 다니며 기도도 해야 한다. 이것은 우리가 보통 생각하는 점쟁이의 삶이 아니다. 한국 사회에서 굿 문화 이상의 문화는 없는 것 같다.

영화를 보고 주변인의 반응은 어땠나?

영화를 본 뒤에 '이런 이야긴 몰랐다'라는 반응이 많았다. 무속에 대해 무서워하거나 편견을 갖는 경우가 많다는 것을 이번 작업을 하면서 다시 한번 깨달았다.

이 영화에 대해 당부하고 싶은 말이 있다면 무엇인가?

'만신'은 천대받고 괄시당해 온 무속에 대한 헌정사다. 굿이나 무속에 대한 영화라 생각하겠지만, 제가 원하는 것은 이 영화 자체를 굿의 연장, 굿의 확장판으로 받아들이는 것이다.

002

무당의 사회문화적 정체성
_ 종교인

무당은 대부분 조상신을 모시며

의뢰인의 가장 위급한 문제를 풀어주는 일을 한다.

이러한 관점에서 신과 인간을 연결하는 종교인의 역할을 한다.

이러한 무당이 종교인으로 인정받기 위해서는

교육기관이나 무당 조직의 힘이 필요하다.

어떤 직업이든 그 직업의 정체성을 가지고 있다. 그렇다면, 그 직업의 정체성은 누가 정하는 것일까? 정체성의 정의를 살펴보면 쉽게 알 수 있다. 정체성이란 자신을 규정하는 내용과 타인 또는 외부인, 즉, 일반인이 해당 직업을 규정하는 내용 간의 상호작용으로 정해진다(임선진, 2010). 즉, 나의 직업에 대한 자신의 생각과 다른 사람의 생각이나 판단이 서로 상호적으로 영향을 받는 것이 직업의 정체성인 것이다.

그렇다면, 무당이란 직업의 정체성은 어떠할까?

무당은 무속 활동을 통해서 일반인과 접촉하기 때문에 무속 활동 과정에서 경험한 내용은 무당의 사회문화적 정체성을 형성하는데 중요한 역할을 할 것이다. 무당은 자신의 의지와 상관없이 어느 날 갑자기 무병과 신내림이라는 생애의 큰 전환기를 맞이한다. 일반인에서 무당이라는 새로운 직위로의 변화는 무당 자신에게 큰 변화를 일으킨다. 결국 이러한 변화는 생활방식과 사고방식 그리고 사회문화적 환경의 차이 등을 일으키며 무당의 직업의 정체성도 변화하게 된다.

정체성이란 동일성, 연속성, 소속감 및 일체감을 의미하는 포괄적인 말이다(김항원, 1990). 정체성은 개인 정체성과 집단 정체성이 있다. 본 도서에서는 무당의 집단 정체성에 관해 나누고자 한다. 가장 중요한 것은 집단 정체성이건 개인 정체성이건 정체성은 다른 사람에 의해 영향을 받는다는 것이다. 이러한 정체성은 결국 과거의 경험에서 나온 과거의 산물인데, 과거의 자신을 알고 있는 사람들은 자신의 과거 모습 그대로를 기억하며, '자신이 현재 보는바'를 그의 과거 행동과 표현 유형으로 대체시킨다(Edward Shills, 1992). 이러한 이유로 자신이 과거에 경험했던 것 중 기억으로 보존된 것과 믿었던 것은 그가 자신이라고 인지하는 중요한 부분이다(안미정, 1997).

하지만, 정체성이라는 것이 어느 한 범주로 규정하는 것이 아니고 다수의 규정을 가진다. 예를 들면 민족, 인종, 종교, 국가, 지역, 계급 등에 따라 정체성은 끊임없이 변화하는 상호관계 속에서 지속해서 재구성되는 다중적인 구성물이라는 것이다(임선진, 2010). 이것은 외국인과 한국인, 같은 한국인이라 할지라도 천주교인지 불교인지 혹은 무교인지에 따라 각각 무당에 관한 정체성이 달라질 수 있다는 것을 의미한다. 최광현 보살님의 인터뷰 도중 무당의 사회 인식에 대해 '종교인은 더 심하고, 일반인은 더 심하다'라는 표현이 있었다. 이것은 현업에서 경험하는 무속인도 충분히 느끼고 공감하는 부분이다.

결국 집단 정체성 규정은 세 가지로 규정될 수 있다.

첫째, 우리와 구별되는 '그들'이 누구인가?

둘째, '그들'이 우리를 어떻게 보는가?

셋째, '그들'과의 관계에서 어떤 태도로 관계를 맺을 것인가?

즉, '우리가 누구인가'라는 질문은 곧 불특정 다수의 '그들'이 우리를 어떻게 보는가의 문제와 결합한 것이다. 어쩔 수 없이 계속해서 언급되는 것은 무당에 관한 사회 인식이다. 이것이 곧 무당의 직업에 관한 정체성이 되는 것이기 때문이다. 이 책에서는 무당의 집단 정체성에 관해 영엄한 위치에 있는 '종교인', 전문적인 굿이나 기도하는 '전문 직업인', 전통문화를 계승하는 '문화예술인' 그리고 주변에 흔히 볼 수 있는 '사회적 주변인' 네 가지로 분류해 설명하고자 한다.

종교인의 사회 정체성

무당을 하나의 집단으로 만드는 것은 결국 그들의 공통 경험과 성무 과정이다. 예를 들어, 무당이 되기 전에 경험한 무병이나 신내림 과정은 개인적인 경험일 수 있다. 그러나 대부분 무당이 겪은 공통 경험인 것이다. 무당이 된 이후에 수행하는 기도도 마찬가지이다. 특정한 날이 되면 산에 올라 기도를 올리고 제사상을 차리며 굿하는 것 또한 무속인의 공통적인 성무 과정이다.

다시 한번 강조하자면 이 책에서 무속이 종교인지 아닌지는 논하지 않는다. 다만, 이 파트에서는 무당을 종교인으로 봤을 때 주변인이 평가하는 사회 정체성에 관해 논하려고 한다.

일반인과 무당을 구별 짓는 가장 큰 차이점은 자신이 모시는 신의 존재에 대한 확신으로 표현되는 각각의 신관을 갖고 있다는 점이다. 24명의 무당 인터뷰를 통해 진행한 질적 연구에서 무당이 모시는 신은 실제로 조상신의 다른 표현임을 알 수 있었다(임선진, 2010). 즉 무당의 신령은 유교적인 조상 개념에 비해서 사고방식이나 신앙 체계가 더 넓고 깊다(조흥윤, 1999). 이것은 어찌 보면 점집에 찾아가 토로하는 우리의 고민과도 연결된다고 하겠다. 무당에게 묻는 주 내용은 집안일에 집중되어 있거나 가족 구성원의 기복을 위한 것 또는 문제 해결을 통한 소원성취가 대부분이다. 이렇게 무당이 처리하는 주 내용과 무당이 모시는 조상신은 서로 무관하지 않다.

무당이 모시는 신의 양상은 다양했으나 그 계통은 혈연관계이거나 혹은 인척 관계의 조상신이 대부분이었다. 이것은 무당의 세계가 세습된다는 관점에서도 일맥상통하는 부분이기도 하다. '무당집에서 무당 난다'라는 말이 있다. 보통 무당이 된 사람의 이야기를 들어보면 직계 가족이나 친척 중에 무당이었던 사람이 있다. 한 무당이 조상신을 모시다가 세상을 등지면 모시던 조상신은 어디로 가겠는가? 이렇듯 세습되는 양상은 무당이 모시는 신이 혈연관계이거나 인척 관계의 조상신이라는 것이 전혀 이상하지 않다.

무당이 행하는 종교적인 성무 과정은 다음과 같다. 기본적으로 현실 상황에서 가장 위급한 문제를 풀어주는 방향으로 진행된다. 예를 들면, 한을 풀고 복을 빌어주는 굿이나, 문제 상담, 병의 치유 등이 그것이다. 무당이 하는 성무 과정은 더 쉽게 말하면 잘 먹고 잘사는 일과 연결되는 현세주의적이면서 공존 주의적인 세계관을 보인다고 할 수 있다(임선진, 2010).

이것이 바로 한국인의 가치관, 삶의 양식과 같은 근본적인 정서와 무당이 연결되어 있음을 보여주는 일례이기도 하다. 한국인은 외국인보다 돈, 직장, 결혼, 병, 사고 등 현실적이고 구체적인 삶의 문제를 해결하고 행복하게 살고자 하는 정서가 있다(임선진 2010). 이것은 코로나19 사태를 보아도 알 수 있다. 유럽의 선진국들은 코로나19가 퍼진 시국에도 병에 대한 두려움보다도 어느 정도의 자유로움과 인권보장을 원한다. 그들은 마스크를 쓰지 않고 시위할 자유를 가지고 있고 자영업자는 모두 나와 국경 폐쇄에 대해 반대하며 자신들의 의사를 시위로 표현한다. 그러나 한국인은 어떠한가? 한국이 코로나19에 대한 정책이 잘 이루어진 것은 사실이나 한국인도 코로나19에 대한 국가정책을 잘 따른 것에 관한 결과라고 볼 수 있다. 한국인이 현재의 자유를 억제하는 것은 미래의 더 나은 삶, 행복한 삶을 위해서이다. 이것이 한국인의 정서와 연결되어 있다.

우리는 너무 힘든 일을 겪거나 어떤 문제가 해결되지 않을 때 점집을 찾아간다. 그렇게 찾아간 점집에서 무당들은 문제 해결사로 나서는 신과 인간을 연결하는 종교인의 역할을 한다. 무당은 의뢰인이 말하지 않아도 그 사람의 문제를 먼저 말하고 난관을 공유하며 소통하는 과정을 거쳐 자신들만의 영험한 종교적 신비성을 갖는다. 이것이 바로 무당이 종교인으로 가지는 사회문화적 정체성인 것이다.

찾아간 무당이 어느 정도 의뢰인의 문제를 맞히느냐, 미래에 대한 조언이 어느 정도 맞느냐에 따라 사람들은 무당의 종교인으로서 가지는 사회문화적 정체성을 결정하기도 한다. 바로 여기에서 문제가 발생하는 것이다. 굿에 대한 사기 사건도 살펴보면 처음에 의뢰인이 굿을 하겠다며 몇천만 원의 거금을 지불한다. 그러나 굿을 했음에도 불구하고 의뢰인이 해결 원했던 문제가 해소되지 않으면 종교인으로서의 정체성은 사라진다. 종교인으로서의 정체성이 없는데 몇천만 원씩 지불하겠는가? 지불할 의사가 없어진 의뢰인은 법에 호소하는 것이다.

•

결과를 먼저 보면 '어떻게 속을 수 있나?'라고 반문할 것이다. 그러나 눈에 보이지 않는 영의 세계에서 일어나는 일을 누가 '속았다', '속지 않았다'를 말할 수 있을까? 이것에 관한 가장 큰 문제점을 최광현 작가님은 라이센스의 문제라고 했다. 천주교나 기독교, 불교 모든 종교의 종교인은 일정 관문을 통해서 종교인의 자격이 주어진다. 그것을 일종의 자격증이라고 생각한다면 일정 부분의 이론을 토대로 공부하고, 수련 시간을 거쳐 영의 세계에 입문하는 과정을 거친 이후에 종교인으로 등극하는 것이다.

그러나 무당은 다르다. 어느 날 내게 갑자기 내게 신이 오고 말문이 터졌다. 그리고 신내림을 받는다. 이 모든 과정이 다른 종교인과 같이 집단에서 형성되는 것이 아니라 사적으로 경험하게 된다. 상황이 이러하니 같은 무당끼리도 서로 호의적인 관계를 형성하기가 쉽지 않다.

이것에 관한 해답을 김금화 선생이 남기고 가셨다. 김금화 선생은 2005년 인천 강화도에 자비로 무속 체험장인 '금화당'을 열었다. 이곳에서 생전에 후학 양성과 무속문화의 전수에 힘썼다고 한다. 무속인도 체계화된 교육기관이 필요하다. 영통하는 과정은 책이나 유튜브로 배울 수 없다는 것은 최광현 작가님의 인터뷰에도 같은 내용이 있다. 모든 자격증이나 이론은 민간단체에서 시작한다. 그리고 기간이 지나 어느 정도 자리 잡아야 국가에서 인정받는 자격증으로 승격된다.

무속인을 양성하는 교육기관이 생기고 이 기관을 통해 양성한 무속인이 자리를 잡아 어느 정도의 조직을 이루게 된다면 개별적으로 활동하던 무당들은 힘을 합칠 수 있을 것이다. 이렇게 무당이 개인이 아닌 조직의 힘을 갖게 된다면 직업코드가 '상업적 서비스'가 아닌 '종교시설'로 인정받는 무속인이 더 많아지지 않을까 생각한다. 각개전투하는 무당이 성장하려면 무당 조직의 힘이 필요하다.

무속문화 전수를 위해 세운 〈금화당〉

멀리 갈 것도 없습니다. 단독주택인 신당에서 매일 초를 켜고 기도하는데 싫어하는 이웃이 있어요. 이웃집에서 골목길에 나와 침 뱉고 가는 경우도 있어요. 물론 그 한 사람의 행동이긴 해요. 그렇다 하더라도 우리도 아이를 키우고 가정을 꾸리고 살아가는데 주변 사람의 이런 시선은 가끔 너무 힘듭니다. 모든 이가 그런 것이 아니라 하더라도 무당의 사회적 인식이 낮은 것은 무당으로서 감내해야 할 부분이기도 합니다.

어떤 이는 다른 점집에 들러 점사가 이상하다고 생각되면 확인하러 오는 경우도 있어요. 예를 들면, 딸이 신기가 있어 신내림을 받아야 한다고 말하면 절대 그럴 리 없다면서 싸우려 들죠. 우리는 신이 하는 말을 전달하는 매개체일 뿐이에요. 그것에 관해 인간적인 판단은 있을지언정 개인적인 추측이나 편견으로 말하지는 않는단 말이죠. 그러나 이렇게 부정하는 사람과 일어나는 싸움은 정신적으로 피폐함을 느낄 정도입니다. 제가 모시는 신 중에 장군 신이 있는데, 장군 신이 화나면 호통치고 집어던지고 나도 감당하기 힘들어져요. 그런 이와 언쟁 도중에 장군

신이 들어오면 돈을 던지며 나가라고도 하게 돼요. 그때의 행동은 저의 행동이 아닌 신과 의뢰인이 이야기하는 것이거든요. 저는 전달자일 뿐이죠. 이런 이유로 언행을 제 마음대로 하기 어려울 때가 있어요. 거기다가 내 딸이 신기가 있을 리가 없다며 소리치는 사람과 어떻게 대응하겠습니까? 이런 일은 보통 직업에서 겪는 진상 고객과는 또 다른 부분이죠. 이런 일은 자주 겪는 일은 아니지만 그럴 때마다 마음이 매우 아픕니다. 막말로 다른 종교인(목사나 신부)에게 이렇게 막 대하겠습니까?

그러나 그렇지 않은 신도가 더 많습니다. 신의 영험함을 아는 신도들은 매번 산에 가서 야심한 시각에 자신을 위해 빌어주는 제게 감사함을 표시합니다. 매달 만나는 신도 중 정성을 들이는 신도가 많습니다. 이런 신도들의 감사함은 제게 많은 힘이 됩니다. 그 힘으로 또 힘내서 기도드리러 가는 것이죠. 추우면 추운 대로 더우면 더운 대로 산에 올라가서 며칠씩 기도하기는 정말 쉽지 않은 일입니다. 이 힘듦을 인정받는 것이야말로 제게는 보람입니다.

🗨 에피소드_ 굿하는 날

가끔 같은 일하는 무속인들을 만나면 서로의 직업에 대한 힘듦을 나눈다. 다른 일하는 사람들과 절대 교류할 수 없는 부분 신적인 것이 우리에게 있기 때문이다. 일반인은 공감하기 어려운 일을 나누며 스트레스를 푸는 것이다. 그도 그럴 것이 보통 일(굿)하러 가면 거의 종일 무속인들과 같이 있게 된다. 식사하거나 쉬는 시간에 이런저런 이야기를 나누는데 그중 기억에 남는 대화이다.

무당1   나 지난번에는 어떤 일이 있은 줄 알아? 나, 참 기가 막혀서⋯. 이런 일 때문에 무당이 때려치우고 싶어지는 거야!

무당2   왜 또 그래? 무슨 일이었는데?

무당1   아니 무당이라면 신인 줄 알아! 내가 신인 줄 알고 내가 말하면 뭐든 그대로 이루어져야 하고, 뭐든 다 맞춰야 하는 줄 안다니까! 내가 신이야?

무당2   하루 이틀 겪는 일도 아닌데 뭐!

무당1   무당도 직업이잖아! 인간은 누구나 실수를 하지! 의사도 판사도 변호사도 다 실수하잖아! 그런데 무당은 다 맞춰야 해?

무당2   어이구! 무슨 이야기인지 알겠네! 그냥, 그러려니 해! 세상에는 별별 인간이 다 있어! 그런 거에 일일이 열 받으면 어떻게 이 일을 해?

무당 1	왜 무당이 실수하면 용납이 안 되고 가짜라고 말하는 거냐고?
무당 2	우리는 신과 사람 사이의 중간 역할을 하는 것뿐인데 사람들은 그걸 잘 모르지. 신이 말하는 걸 무당이 직접 전달하니까 무당을 신으로 생각할 수 있어. 신이 말하는 걸 전달하는 것이니 무당이 말하는 것이 틀려선 안 된다고 생각하는 거지! 그럼 신이 틀린 거니까! 보통 그렇게들 생각하는 거야!
무당 1	아니, 그러니까…. 내가 사람이지 신이냐고? 우리는 중간 역할을 하는 것뿐이지. 신도 다 알려주시진 않잖아. 내가 다 알면 청와대 가 있지, 여기 있겠어? 인간인지라 때론 틀릴 수도 있잖아! 이런 거에 대한 여지가 없으면 어떻게 이 일을 하냔 말이야!
무당 2	더 기도 정진해서 틀리지 않도록 노력해야겠지. 그것밖에 할 게 없어! 그래서 우리가 오늘도 산에 와 있지!
무당 1	이럴 때는 정말 절망적이고 다 때려지고 싶어!
무당 2	그만 진정해! 우리는 선택된 길이야. 그러니 가야지 어쩌겠어. 그나저나 대체 어떤 사람이 왔었는데 이래?
무당 1	비가 주룩주룩 내리는 날이었는데, 한 남자가 들어오더라고! 딱 보니까 벌써 다른 점집에 줄줄이 다녀왔어! 눈을 딱 내리깔고 하는 말이 '내가 왜 왔는지 맞혀봐요!' 이러더라! 싸우기도 싫어서 '문서 이동할 일이 있으세요?'라고 하니 '음, 맞네!' 그러는 거야! 그러더니 바로 하는 말이 '다음은?' 이러는 거지!
무당 2	거, 참, 미친놈이구먼!

무당 1 그 인간 내보내고 나서도 어찌나 분이 안 풀리던지! 나한테 점사가 잘 나오는 시간이나 요일이 있냐는 거야? 그 시간에 맞춰오면 되냐고?

무당 2 어이쿠! 싹수없는 것! 신이 아는 것도 말 안 해주겠다. 그런 수준 이하의 말이나 행동은 오래 담아두지 마! 우리가 기도를 왜 하겠어? 인생사 오만가지 일을 마음에서 내려놓으려고 하는 거잖아! 오늘 초 더 켜줄게! 이제 진정해!

무당은 신이 아닌 사람이다. 직업적인 존중 이전에 사람으로서의 가치를 대중이 인지해 주길 바란다. 그렇게 우리는 오늘도 초를 켜고 마음을 비운다. 기도 정진만이 살길이다.

기도당에서 기도 정진하는 모습

— 무속(巫俗) : 무속의 속(俗)은 우리가 '풍 속속'으로 알고 있는 한자다. 이는 풍속, 관습을 의미한다. 그러나 다른 의미도 내포되어 있다. 일제시대에 무당을 몰아내며 만들어진 용어로 이때의 의미는 '6. 저급하다'의 의미가 포함되었다. 무속인보다 무당(조선시대에 임금이 내린 벼슬명임)이라는 표현이 민족종교를 행하는 이를 높여 부르는 의미이다.

〈속(俗)의 의미〉

1. 풍속, 관습, 2. 속인, 3. 범속하다(평밤하고 속되다)

4. 평범하다, 심상하다, 흔하다, 5. 대중적이다

6. 저급하다

현대사회에서 일반인은 무속인과 무당의 차이점의 거의 알지 못한다. 오히려 무속은 '저급하다'라는 의미가 아닌 '풍속, 관습'의 의미로 사용하고 있다. 이런 이유로 본 도서에서는 두 단어를 함께 사용했음을 기재하는 바이다.

— 새신제례 : 새신이란 일명 굿하는 신이라는 의미로 새신제례는 '굿'을 높여부르는 말이다. 이때 새신제례의 제사장은 곧 '무당'이 되는 것이다.

— 제자 : 신내림 받은 무당을 칭하는 말이다. 경천신명회에는 등록된 무당을 모두 신의 '제자'라 호칭한다.

무당의 사회문화적 정체성 _ 전문 직업인

무당의 어떤 면이 전문직업인에 속할까?

첫째, 각자의 '전문분야'로

상담전문가, 굿 연행 전문가, 치병 전문가 등이 있다.

둘째, '자기 정화'로 '신과 영통하는 과정'이다.

셋째, '기능전수'로 무당의 굿 춤사위 등을 전수하는 것이다.

직업이란 생계를 유지하기 위하여 자기 적성과 능력에 따라 일정한 기간 계속하여 종사하는 일을 말한다. 이런 직업에 '전문'이라는 단어가 들어가면 어떤 의미로 전환될까? 생계를 유지하는 직업에 '전문'이라는 단어가 더해지는 것이다. 전문 직업이란, 전문적인 지식이나 기술이 필요한 직업이다. 전문이란 어떤 분야에 상당한 지식과 경험을 가지고 오직 그 분야만 연구하거나 맡음, 또는 그 분야를 의미한다. 이런 의미에서 무당은 전문 직업인일까?

무당의 전문 분야

과거에 살던 동네에 간판명이 '문수보살'인 점집이 있었다. 간혹 엄마의 손에 이끌려 그 집에 가서 언니와 동생의 대학이나 입사할 회사를 붙을 수 있는지 엄마가 물어보셨던 것 같다. 무당마다 각각의 전문 분야가 있다. 이후에 알게 된 사실이지만 '문수보살'은 불교에서 석가모니여래의 왼쪽에 있는 사보살의 하나로 제불의 지혜를 맡은 보살이었다. 그래서 지혜와 관련된 입학이나 입사, 유학 등 공부에 관련된 점집으로 유명했다.

아래는 자신의 전문 분야에 관해 자세히 설명한 한 무당의 인터뷰를 발췌한 것이다(임선진 2010).

무당마다 자신의 전문 분야가 있어요. 들어오시는 신령이 다 다르니까, 다른 것이 당연하겠죠. 변호사나 의사도 자기 전공 분야가 따로 있는 것과 같습니다. 저는 부부 문제와 대학 진로 문제를 주로 봐주고 있어요. 제가 이혼할 뻔한 사람들을 많이 풀어줬어요. 계룡산에 가서 기도하고 굿하면서…. 그러다 보니 이제는 단골도 많이 생기고 입소문이 나서 제가 따로 얘기하지 않아도 그쪽에 관한 일로 많이 옵니다.

무당은 사회적 기능에 따라 호칭이 달라진다. 이것은 '무당'이라는 직업적인 단어를 회피하는 것에 따르는 것일 수도 있겠으나, 자신의 전문적인 분야가 각각 존재하는 이유이기도 하다. 특히, 전문 직업인으로의 무당의 호칭을 살펴보면 상담전문가, 굿 연행 전문가, 치병 전문가 등으로 표현되고 있다. 이처럼 내림 받은 신의 특성에 따라 자신의 분야를 개척하는 무당에 관한 이야기는 다른 인터뷰에서도 살펴볼 수 있었다(임선진, 2010).

저는 보살들에게 굿할 때 소리와 북을 가르쳐요(69, 남무). 저는 법사들에게 법문 공부를 시킵니다(66, 남무). 저는 학습무에게 국악을 교육합니다(62, 남무), 저는 보살에게 굿 의례 절차와 장구를 가르칩니다(57, 여무)

이 세상에 저절로 이루어지는 것은 없다. 무당도 마찬가지이다. 인터뷰에서 알 수 있듯이 신내림을 받았다고 해서 법문을 외우고 굿을 하고 점사를 봐줄 수 있는 상태로 바로 되는 것은 아니다. 그 과정에는 스승도 필요하고, 나의 노력도 필요하며, 그것이 익숙해지는 시간도 필요하다. 이것은 전문 직업인이 되기 위한 그들만의 피와 땀의 노력의 대가인 것이다. 그들은 학습과 정진의 길을 멈추지 않았으며, 그 중 공통으로 가장 큰 노력을 기울이는 것은 기도였다.

무당의 자기 정화

·

무당이 전문 직업인인 두 번째 이유는 자기 정화이다. 이 항목을 종교인에 넣어야 할지 전문 직업인에 넣어야 할지에 관해 고민의 시간이 필요했다. 그러나 본 도서에서 무속이 종교인지 아닌지에 관한 논쟁은 하지 않겠다고 언급한 이유로 무당이 매일같이 그리고 가장 많이 공을 들이는 기도 수련은 전문 직업인에 넣었다. 최광현 작가님의 인터뷰에서 기도는 '신과 영통하는 과정'이라고 했다. 기도에 들이는 공은 신과 영통하는 정도의 차이를 만들 수 있다는 것이다. 그러니, 기도를 게을리하면 신과 영통하기 힘든 것이고 그것은 곧 전문인으로서 무당의 본질을 잃는 것이리라! 기도에 의한 자기 정화를 전문 직업인의 특징에 넣은 것은 이 때문이기도 하다.

자기 정화는 정기적으로 이루어지면서 산과 계곡을 찾아 기도하는 것으로 진행된다. 보통은 매일 신당에서 기도 생활하는 것을 기본으로 하며 특정한 날에는 명산을 찾아 명기를 받는다. 명산을 찾아 기도하는 것은 산에 있는 기도당에서도 하고, 산을 오르다 명기를 찾으면 그 자리에서 수행하기도 한다(에피소드- 참고).

이외에도 자기 정화의 하나로 기도나 굿을 준비하고 수행하는 과정에서 잠자기 힘들거나, 특정 음식을 먹지 못하거나, 성관계를 피하는 등의 금기 생활을 해야 한다. 이는 다른 종교인과 비슷한 양상이기도 하다. 이것은 어쩌면 신과의 영적 교감이 가장 극대화되어야 하는 시점에 예의와 정성을 다하는 그들의 의례 행위인 것이다.

자기 정화는 신과 인간 사이의 중간 사제자로서의 위치를 확고히 하는 근간이 된다. 김금화 선생은 '무당은 하늘의 뜻을 땅에 전하고 사람의 말을 하늘에 전하는 이다'라고 표현했다. 이것은 또한 다른 종교인의 전문성과도 공통되는 부분이다. 기독교, 천주교, 불교 등에서도 사제자는 인간과 신의 연결역할을 한다. 그들은 인간의 잘못이나 죄를 사면하며, 인간의 사적인 바람을 하늘(신)에 올리는 것을 돕는다. 이것은 어찌 보면 종교인의 전문적인 역할 중 하나라고 볼 수 있겠다.

무당의 기능 전수

·

무당이 전문 직업인인 마지막 이유는 기능 전수에 대한 부분이다. 이것은 다음 장인 문화예술인의 역할과도 연결되어 있다. 최광현 작가님의 인터뷰에서 신내림 받는다고 바로 점사를 보는 것이 아니라 신과 인간을 연결하는 영통한 과정이 있어야 한다고 했다. 이것은 신내림 이후에 눈에 보이지 않는 신과의 연결고리가 생겨야 무당의 기능이 가능하다는 것이다. 이러한 영통 과정을 배우기 위해 과거에는 신어머니

집에서 3년을 살았다는 것이다. 3년 동안 영통하는 법만 배우겠는가? 하다못해 부적 쓰는 법, 굿할 때의 춤사위, 제사상 차리는 방법, 명산 어디에 기도 당이 있는지 등 셀 수 없이 많을 것이다.

아래는 무당의 기능 전수를 위해 계속해서 공부를 게을리하지 않아야 하는 것을 인터뷰한 내용이다(임선진, 2010).

일본이나 중국에서 사주 같은 걸 배우려고 많이들 왔어요. 당시(92년도) 무속 쪽에 대한 나온 사람이 별로 없어서 내가 추천되기도 했어요. 무당도 공부해야 합니다. 신들도 급이 있는데, 높은 급의 신을 맞이하려면 내가 준비되어 있어야 해요. 그렇지 않으면 높은 신이 와도 감당할 수 없어요. 맨날 저급의 신들에게 휘둘리면 안 되겠죠. 그래도 아직은 공부한 정도보다는 영기가 빠르긴 합니다(43, 남무).

무당은 자신의 교육 역량에 따라 학습무를 가르치는 교육자가 되기도 하고 기능 전수자가 되기도 한다. 이렇게 기능 전수자가 되면 전문 직업인에서 문화 예술인으로도 발전 가능한 것이다. 문제는 무당이라는 직업이 전문 직업인으로 인정받지 못하는 사회 인식으로 인해 몇몇 무속인이 문화 예술인으로서 인정받아야 직업으로 인정받을 수 있다고 인식한다는 점이다. 하지만 엄밀히 말하면 '기능 전수'의 역할은 문화 예술인이 아닌 어떠한 무당도 가능하다. 무당의 '굿 문화'는 그 자체로 한국의 전통문화 중 민속문화의 일부를 가지고 있으며 무당마다 각각 특색이 다름을 인정해야 한다. 이것이 존중되지 않는다면 다양한 무당의 '굿 문화'는 무형문화재로 인정받는 굿거리 중심으로 통일될 위험이 있으며, 그 다양성이 파괴될 수 있다.

무속을 잃어가다

·

이러한 무당의 '기능 전수' 역할은 현시점에서 매우 중요하다. 김금화 선생의 제자는 전 세계적으로 분포되어 있다. 그중 독일 제자 두 분이 독일에서 활동하며 유튜브 활동을 하고 있다. 우리가 무당을 직업적으로 인정하지 않는다면 추후에는 무형문화재가 아닌 굿의 춤사위조차 외국인에게 배워야 하는 시대가 올 수 있다.

영화 〈만신〉의 박찬경 감독은 인터뷰에서 이런 문제를 지적했다. 다음은 그 내용의 일부를 발췌한 것이다(조이뉴스24).

나 역시 몇 년 전만 해도 전통문화를 우습게 생각했어요. 최근 문화 콘텐츠 개발에 관한 이야기를 많이 하는데, 새로운 것을 발명하기보다 이미 있는 것을 활용하는 것이 더 좋을듯싶습니다. 그것에 관한 예로 한국의 민화가 알려지기 시작하면 대단하리라 생각합니다. '만신'의 포스터에서 일부러 세게 한 번 썼는데, 반응이 굉장히 좋았습니다. 우리는 스스로 한국의 전통을 업신여기는 경우가 많아요. '샤먼'은 멋지게 생각해도 '무속'은 없이 보는 것처럼요. 서구의 근대화 이념이 한국 사회를 급속도로 잠식했기 때문이겠지만, 이제 여유가 생겼으니 문화의 폭도 넓어져야겠습니다.

한때 전 세계가 '해리포터 시리즈'에 열광했다. 해리포터는 판타지 영화에 속하지만, 바탕에는 서양의 샤먼이 깔려있다. 근대시대 이후 서양에서는 샤먼을 마녀라 칭했고, 화형에 처하기도 하면서 민속신앙이 거의 소실되었다. 대부분이 여성이었던 이들은 자신을 베난단티(benandanti)라 칭했는데, 이는 샤먼(shaman)이며 샤먼은 무당을 의미한다. 베르단티의 실제 의미는 '선한 실천을 하는 사람'이라는 의미로 남성과 여성을 포괄한다. 마녀사냥은 20만여 명의 마녀를 처형하고서야 잦아들었다. 이후에 우리는 마녀를 동화책에서만 만나고 있다. 자신들을 '베르단티'라고 불렀지만, 다른 사람들에게는 '마녀'라 불리며 없애려고 했다. 당시 서양의 종교는 교회에서 거의 장악하고 있어 샤먼이 설 자리는 없었다. 이것이 당시 서양 샤먼의 사회 정체성인 것이다.

새해가 오면 우리는 '새해에는 어떤 일이 있을까?' 기대와 걱정을 함께 올라온다. 이럴 때 사주를 보거나, 종교가 있다면 기도를 올리며, 신점을 보기도 한다. 그것을 이용하거나 이용할 수 있다면 인정함이 필요하다. 무속은 한국의 민간신앙이다. 무속을 믿고 믿지 않고는 다음 문제다. 무당을 인정하는 것이 먼저이다. 만약 무속에 관한 관점을 계속해서 바꾸지 않는다면 박찬경 감독이 우려한 것과 같이 한국은 전통문화 중 일부를 조만간 잃게 될 것이다.

여기에서는 앞서 이야기한 사회적인 인식은 언급하지 않겠습
니다. 그냥 무당이라는 직업에 관한 이야기를 하고 싶어요. 사회
인식은 타인의 평판이나 가치관이 영향을 미치지만 내가 느끼
는 그리고 나 자신이 겪은 무당이라는 직업에 관한 이야기 말이
에요. 자신의 직업에 관한 만족도가 삶에 가장 큰 영향을 미치
지 않습니까?

대부분의 직업은 자신이 선택하죠. 그러나 무당은 아닙니다. 신
이 저를 선택하죠. 다른 직업과 비교할 때 가장 큰 차이점은 '직
업에 대한 선택이 자발적이었는가? 아니면 수동적이었는가?'
하는 부분이 아닐까 합니다. 이런 이유로 신내림을 받고 난 이
후의 삶이 능동적인 무당도 있고, 그렇지 못한 무당도 있어요.
성불하지 않고 술 마시며 말 그대로 막 사는 무당도 있습니다.
선택하지 못한 부분에 대한 슬픔이라고 할까요? 그런 감정이
이후의 삶에 영향을 미치는 사례이기도 하죠.

무당이라는 직업에 관해 스스로의 생각이나 가치관이 중요하
다면 아무래도 이러한 직업의 특성으로 입문하는 과정이 다른

직업과 다르다는 것이 첫 번째 영향을 미친다고 생각합니다. 또 다른 하나는 무당이라면 다들 신내림 받기까지의 과정이 녹록지 않음을 이미 경험했죠. 그 과정에서 장애를 얻은 사람도 있고, 사랑하는 사람을 잃은 사람도 있습니다. 이건 경험하지 않은 사람은 알 수 없는 고통이에요. 누구나 공감할 수 있는 고통은 아닐 겁니다. 저도 너무 아파서 인생의 대부분을 병원에서 살았다 해도 과언이 아니에요.

결론은 무당이라는 직업은 나의 선택이 아니면서 그 과정에 상당한 고통을 겸한다는 것입니다. 그러니 무당이 된 이후에 어떤 삶은 사느냐는 것은 두 번째 문제입니다. 첫 입문부터 경험해보지 못한 고통이 따르니 말입니다. 무당이 둘 이상만 모이면 신세 한탄이 끊이지 않는 것은 이러한 직업의 특성 때문일 겁니다. 나는 이렇게 시작했다, 내 조상은 이렇게까지 신기를 없애려 했지만 별수 없었다 등 제각각인 이야기를 모두 하자면 밤을 새워야 합니다.

그래서 다시 태어나면 죽어도 무당은 하지 않겠다는 이도 있고, 다시 태어나도 하겠다는 사람도 있어요. 이것은 어디까지나 개인적인 차이이지 않을까 싶습니다. 저는 아프지만 않으면 다시 태어나도 할 것 같아요. 신을 모시는 과정에서 중간중간에 좋지 않은 일이 있을 때 나나 주변인이 아플 수 있는데 겪어보면 그런 과정이 가장 힘듭니다. 그런 점만 없다면 성실하게 기도하는 삶에 불만은 없습니다.

저는 다시 태어나도 무당하겠다고 합니다. 제가 무당하는 것에 불만이 전혀 없습니다. 결국 종교인 아니겠습니까? 기도하고 또 기도하는 것이 우리의 일입니다. 그 외에는 아무것도 없으니까요. 무당은 결국 성불하는 것입니다.

에피소드_ 뇌종양

어느 날 신당에 한 젊은 여자가 들어왔다. 들어오는 여자의 모습은 한눈에 보아도 근심이 많아 보였다. 아니나 다를까 그녀는 앉자마자 한숨을 쉬며 눈물을 보였다. 그리고는 한동안 흐느끼며 말을 잇지 못했다. 딱 봐도 그 집에 신줄이 있어 그것이 걱정인 것 같았다. 그러니 나도 이 길을 가지만 선택된 것을 어찌하겠는가? 조금 시간을 두고 기다렸다 내가 먼저 말문을 열었다.

보살님 무슨 걱정이 그리 많아 오자마자 눈물부터 보여? 얘기해요.

손   님 보살님! 제 동생이 뇌종양 말기예요. 어떻게 해요? 병원에서 얼마 안 남았다는데 혹시 방법이 없을까 해서 찾아왔어요.

보살님 아프면 병원에 가야지! 나한테 물으면 어떻게 해?

손   님 병원에서도 이제 방법이 없다고…. (흑흑 흐느낀다)

보살님 알고 있을 텐데 뭘 물어? 다른 집에도 다녀왔지? 사람이 이렇게 될 때까지 모를 수가 있나? 이 집안에도 신줄이 가득한데! 이건 집안의 신병이야! 조상병인데 그대로 뒀으니 자손에게 해가 갈 수밖에 없지!

손   님 어떻게 해요? 보살님! 다른 곳에서도 비슷한 이야기를 들어서 혹시 몰라서 마지막이라 생각하고 찾아왔어요. 신병이나 조상병이라면 어떻게 해야 하나요?

보살님　뭘 자꾸 나한테 어떻게 하냐고 해? 이건 기도하면 돼! 늦으면
　　　　손댈 수 없는데 동생은 아직 안 늦었어.
손　님　그럼 기도할게요. 어떻게 하면 되나요?

　집안에 신병이 나돌면 내가 겪었던 혈액암처럼 몸으로 그 액을 맞
기도 한다. 이것은 무(巫)의 세계에서 통하는 말이다. 모든 병이 그렇다
는 것이 아니다. 집안의 신줄 때문에 생긴 병에 한해서만 적용되는 이
야기이다. 적절하게 도움을 받을 수 있는 사례도 이런 상황을 무시하
면 큰일로 변할 수 있다. 무당의 무(巫)의 힘으로 도움받을 수 있는 상
황이 있고 그렇지 않은 상황이 있다. 이 판단은 무당만이 할 수 있다.

　위의 에피소드도 찾아온 사람은 누나였지만, 기도 후에 남동생은
뇌종양 완치 판정을 받았다. 이후에 부모님까지 찾아와 거듭 감사의
말씀을 하셨다. 농사지으시는 부모님은 지금까지 해마다 그 해 처음
수확한 들깨로 짠 들기름 한 병, 처음 빻은 쌀 한 가마를 보내주신다.
이것은 아들의 목숨줄을 이어준 내가 모시는 신에 대한 고마움의 표시
이기도 하다. 반면 남동생의 부인은 남편이 완치되었음에도 무(巫)를
믿지 않는다. 눈에 보이지 않는 신과 인간 세계의 경계는 늘 이렇게 모
호하다. 정답도 없고, 영원함도 없다. 그렇게 도움을 받는 사람이 있고,
도움을 받아 감사한 마음이 오래도록 가는 사람도 있고, 그런데도 믿
지 않는 사람도 있는 것이다. 그러니 누가 옳고 누가 그른지는 따져서
무엇하겠는가? 이것이 인생이기도 한 것이다.

004
무당의 사회문화적 정체성
_ 문화 예술인

일부 굿이 무형문화재로 지정되었다.

천대받던 무속인의 몇몇은 국악인이라 자처하며

무형문화재의 길을 걷기를 원한다.

BTS, 오징어 게임이 그러했듯

가장 한국적인 것이 세계화되고 있다.

무속은 한국의 전통문화이며 지켜져야 한다.

앞서 소개한 경기도 도당굿, 진도씻김굿 등 일부 굿이 중요무형문화재로 지정되었다. 무당의 사회 인식과 무형문화재의 사회 인식은 하늘과 땅 차이라고 해도 과언이 아닐 것이다. 그러나 이것은 무(巫)의 세계를 모르는 일반인의 고정관념일 수 있다. 앞서 전문 직업인에서 언급한 것처럼 모든 굿은 나름의 무당의 문화로 보존의 가치가 있다. 그러나 이러한 일반인의 고정관념이 얼마나 위험한지 한 연구에서 진행된 무당의 인터뷰를 소개하고자 한다(임선진, 2010).

이 씨(남, 59)는 세습무계 의례를 연행하는 강신무이다. 말하자면 신병을 앓지는 않았지만 꿈과 현실을 통해 신 체험하는 성무 과정을 가진다는 의미이다. 13세에 무업을 받게 되었는데, 강신무에게 천수경, 부정경 등 각종 경문을 배우고, 굿판을 따라다니며 현장을 익혔다. 그러한 그에게 가장 큰 아픔은 주위 멸시의 눈빛이었다. 그 무렵, '거지왕, 김춘삼'을 읽고 자신도 미천하지만 언젠가는 명성을 얻을 수 있다고 생각했다. 이후 국악이 무속에서 파생되었다는 것을 알았고, 세습무의 소리와 장구를 배운다. 14세에 내림굿을 받고 세습무계 굿 연행을 배우기 시작해 '굿을 잘한다'라는 소문이 나기 시작했다. 35세에 인간문화재 김대례(국가지정 중요무형문화재 제72호)씨를 찾아 스승으로 모시고 살풀이춤과 지전춤, 진도씻김굿의 진수라 하는 '굿 장단'을 배웠다. 1988년 5월 '5·18 진혼 씻김굿'을 진행하며 미디어에 노출되기 시작했다. 이때부터 굿에 대한 사회 인식이 변화되었다는 것을 느꼈다고 한다. 이후 국내는 물론 해외로 알려져 해외공연을 다니게 되었다. 1990년 '승공경신연합회'가 주최하는 팔도 굿 대회에서 우수상을 수상하고, 1994년 한국국악협회 광주광역시지부가

개최한 '전국 무속예술 경연대회'에서 최우수상을 수상했다. 그는 무당이기보다 '굿을 하는 굿 예술가'로 알려졌으나 여러 차례 진행된 무형문화재 평가에서 전통적인 계보가 있는 진정한 세습무가 아니기 때문에 '보존'의 가치가 있는 문화재로 지정되기 어렵다는 심사 결과를 받았다. 억울하지만 그는 언젠가는 문화재가 될 것이라는 희망을 버리지 않고 있다.

이 인터뷰를 읽고 영화 〈만신〉의 박찬경 감독 인터뷰 중 '우리는 스스로 한국의 전통을 업신여기는 경우가 많다'라는 내용이 떠올랐다. 위의 무속인 이 씨는 어린 시절부터 굿을 잘한다며 일이 끊이지 않아 경제적으로는 풍요로웠다. 그러나 무당이라는 직업의 사회 인정에 목말랐다. 그는 미디어를 타며, 각종 대회에서 수상함에도 불구하고 만족하지 못하며 무형문화재에 대한 욕망을 계속해서 시도하고 있다.

무엇이 이렇게 만들었을까? 결국 무당이 '종교인', '전문 직업인'으로 정체성을 인정받지 못한다는 생각이 이 씨를 '문화예술인'에 집착하게 만드는 결과를 낳았다. 이것은 이 씨가 어린 시절부터 무업에 뛰어들며 학업을 중단한 것도 한몫했다고 생각한다. 광주지역에서 19명 무당의 학력을 조사한 결과 대졸 1명, 고졸 4명, 중졸 1명, 초졸 9명이었다(임선진, 2010). 나머지 4명은 초등학교조차 졸업하지 못했다. 또한, 무당의 어린 시절에 관한 인터뷰에서 원가정의 가난은 대부분의 공통점이기도 했다(임선진, 2010). 이처럼 무당이 세습되는데 가정의 가난함은 배우지 못함으로 이어지고 이것은 무당이라는 직업을 가진 사람은 천하고 무식하다는 또 다른 편견으로 이어지는 것이다.

이 씨가 무속인으로 만난 외뢰인에게 '멸시'의 눈빛을 경험했다고 하는데, 학교 다닐 나이에 굿판에서 춤추는 아이를 누군들 '존경'의 눈빛으로 바라볼 수 있을까? 이것은 '멸시'의 눈빛이었다기보다 '의아함'의 눈빛이었을 수도 있다. 다만, 낮은 학력으로 인해 낮아진 이 씨의 자존감이 인정받지 못하는 사회 인식에 더해진 것이 아니었을까? 임선진의 연구의 다른 무당 인터뷰에서도 비슷한 양상을 찾아볼 수 있다.

이 씨(57, 여)는 세습무계 출신인 악사 박 씨(62, 남)와 결혼 후 세습무가 되어 굿 의례 전문가로 인정받았다. 남편 박 씨는 자신을 대금으로 유명한 박종기 씨의 후손이라고 소개했다. 그는 아쟁과 장구는 김호철 씨에게 배워 장구, 아쟁, 대금, 피리를 다루는 전문 악사로 활동한다. 박 씨는 무업을 '국악'이라고 생각하며 무업을 국악으로 발전시켜야 한다고 강조했다. 농촌보다는 도시에서 활동하는데 이는 무당이라는 자신의 신분을 숨기는데 도시가 익명성을 보장한다고 했다. 1988년도 5·18 위령제와 1984년 일본, 유럽에서 공연을 한 것에 큰 의미를 부여하며 '굿이 세상 밖으로 나왔지'라고 표현했다. 그는 큰 공연에서 굿의 사회적 위상을 느끼고 나서 무당이 전통문화를 계승하고 발전하는 주체적 존재로 재구성될 수 있음을 깨달았다. 자신이 4대째 내려오는 세습무 집안의 자손임을 강조하며 '문화재 되기'에 강한 의지를 보였다.

그러나 위의 광주지역의 무당 연구에서 학력이 낮은 것은 조사자의 연령이 50~70세 분포가 높았던 이유도 있었다. 실제로 최광현 작가님처럼 고학력자도 있다. 무당에 관한 사회 인식이 무당으로 하여금 직업 정체성을 사회 예술인으로 회피하고자 하는 의지를 더 높이는 결과를 낳는다는 것이 가장 중요한 핵심이다.

무속은 전통문화

·

예로부터 마을에서부터 개인 집안까지 주기적으로 어느 시기에는 늘 굿을 했다. 이것은 자체로 하나의 문화였다. 문화의 사전적 의미는 자연 상태에서 벗어나 일정한 목적 또는 생활 이상을 실현하고자 사회 구성원에 의하여 습득, 공유, 전달되는 행동 양식이나 생활 양식의 과정 및 그 과정에서 이룩하여 낸 물질적·정신적 소득을 통틀어 이르는 말이다. 이것에는 의식주를 비롯하여 언어, 풍습, 종교, 학문, 예술, 제도 따위를 모두 포함한다. 그러니 간소화되었다고 하지만 무속에 관한 모든 행위와 절차는 넓은 의미에서 한국의 전통문화에 속한다. 그런데도 무당의 천대가 오죽했으면 중요무형문화재이면서 영화 주인공으로까지 발탁되었던 김금화 선생이 '굿은 신명 나는 잔치이자 눈물겨운 한풀이다'라고 했겠는가? 이처럼 무속 신앙은 늘 우리 곁에 있었지만, 직업으로서 사회 정체성은 부정적이었다.

1980~90년대에는 열대과일이 고가의 식품이었다. 그도 그럴 것이 물류와 공급이 충분하지 않던 시절이었으니 당연한 이야기이다. 당시 열대과일 바구니는 백화점에서 화려하게 치장되어 고가에 판매했다. 그러다가 2000년대가 되며 시사 프로그램에서 열대과일의 실상을 파

헤치기 시작했다. 알고 보니 우리 손에 오기까지 오랜 기간 상하지 않으려고 설익은 과일을 따서 농약 범벅으로 배송한 것이다. 그렇게 '우리 것이 좋은 것이여!'라며 국산 애용 캠페인이 펼쳐졌고, 코로나19 상황이 된 현재는 쌀, 돼지고기 하물며 꽃까지 해외생산과 물류가 차단되면서 국산 제품이 얼마나 소중한 것인지 몸소 느끼고 있다.

그러고 보니 문화도 비슷하게 흐른 것 같다. 1980~90년대에 팝송은 세련된 음악이었다. 지금은 K-POP 선두주자인 BTS가 그래미 시상식에 참석하고, 어린 시절 우리의 추억 놀이를 영화화한 오징어 게임의 출연진은 아카데미 시상식에 초청되었다. 달고나의 돌풍을 일으킨 오징어 게임은 '깐부'라는 단어까지 해외에 알렸다. 가장 한국적인 것을 세계가 인정하고 있다. 한국적인 것은 잘 다듬으면 문화 상품이 되고, 더 잘 다듬으면 문화 예술품이 된다.

앞으로 우리는 어떤 자세로 무속을 대해야 하는가? 종교인, 전문 직업인으로 받아들이기 힘들다면, 김금화 선생의 말처럼 굿을 하나의 예술로 느껴주길 바란다. 그들은 전통문화를 계승하는 문화 예술인이다. 중요무형문화재이기 때문이 아니다. 굿 문화, 무속 문화는 모두 과거의 우리에게서 파생된 하나의 문화인 것이다. 그리고 전통문화는 타인이 아닌 우리 스스로가 지켜야 한다. 우리 것은 좋은 것이니 말이다.

경기도도당굿

서울을 비롯한 한강 이북 지역과 수원·인천 등지에서 마을의 평화와 풍년을 목적으로 매년 혹은 2년이나 그 이상의 해를 걸러 정월 초나 봄, 가을에 정기적으로 행하는 마을 당위의 굿. 이 굿은 1990년 10월 10일에 〈중요무형문화재 제98호〉로 지정되었다.

경기도를 중심으로 하는 마을굿은 광의의 관점에서 보면 크게 도당굿, 성황제, 대동굿, 부군당굿이 있다. 경기도도당굿은 마을 사람들이 주체가 되어 하는 굿으로 마을 사람들이 대표자인 화주 또는 당주를 정하고 외지에서 무당을 초청해 마을의 안녕을 비는 정기적인 의례를 의미한다. 마을을 수호하는 마을신, 즉 도당신이나 부군당신인 도당할아버지와 도당할머니 또는 부군 할아버지와 부군 할머니의 신을 초청해 신에게 마을의 안녕을 빌고 마을 사람에게 복을 주는 것이다. 이것이 마을굿의 진정한 목표이기도 하다.

이러한 마을굿은 정기적 의례이기 때문에 마을마다 다른 제 일을 가진다. 대체로 정월에 집중되어 있기도 하고, 3월이나 4월인 곳도 있으며, 10월에 존재하는 지역도 있다. 경기도도당굿은 사제자인 무당의 특성에 따라 몇 가지 유형으로 나뉜다.

첫째, 세습무가 주체가 되어 도당굿을 맡아 하는 인물들이 있다. 이들은 흔히 화랭이 또는 산이라는 인물로 무녀들과 협동해 마을굿인 도당굿을 연행한다.

둘째, 강신무인 만신들로 도당 굿판을 주도하는 경우이다. 이의 경우 마을 사람의 요청으로 진행되는 것이 보통이다.

셋째, 이른바 악사당주가 그것이다. 악사당주의 사례로는 김순선의 아들인 김광수가 자신이 악사당주라 하며 갈매리, 담터, 봉화산, 잣바위, 먹굴, 공덕굴, 상계동 등을 지명한 바 있다.

이러한 세 부류의 마을굿은 급격하게 궤멸되고 있다. 그러나 전통적인 마을굿을 염두에 둔다면 마을굿의 사제자가 점유하는 특성에 의해 분류되고 있다. 마을굿은 제의 절차, 음악, 무가 등에 의해 본질적인 차이가 있다.

경기도도당굿(네이버 지식백과)

경기도도당굿의 종류

경기 북부	한강 이북	한강 이남	경기 남부
개성덕물산도당굿 문산도당굿 양주유양리도당굿 파주도당굿 봉화산도당굿 담터도당굿 먹골도당굿 공덕굴도당굿 삼각산도당굿 구리갈매울도당굿 정발산도당굿 권율장군도당굿	답십리·왕십리·수풀 당 진퍼리살군당 금호동(무막쇠) 부군당 옥수2동부군당 한남동큰한강 부군당 보광동부군당 동빙고동부군당 빙고동부군당 창전동부군당 용문동부군당 마포불당 밤섬부군당	작은한강부군당 화주당 신길2동방아고지 부군당 신길3동신기리동당 영등포상산부군당 당산동부군당 염창동부군당	청수골도당 새오개도당굿 영종도도당굿 떼무리섬도당굿 시흥군자봉성황제 안산잿머리성황제 평동도당굿 영동시장거북당굿 고색동도당굿 인천장말도당굿 인천동막도당굿

— 경기도도당굿은 마을굿이라는 점에서 동해안 별신굿, 전라도 당산굿, 황해도 대동굿과 동일한 성격을 지닌 마을의 공동체 신앙이다. 경기도 도당굿의 세습 화랭이가 자신의 연주 기량을 발휘하고 독창적인 사설을 주도해 부르는 것은 다른 지역의 마을굿에서는 볼 수 없는 현상이기도 하다. 타악기는 물론 삼현육각의 선율악기와 조화를 이루는 것으로 하나의 음악 형식으로 생각하는 것이다. 특히, 다른 지방의 도당굿에서 찾아보기 힘든 남자 무당인 화랭이들이 굿을 하며, 음악과 장단도 판소리 기법을 따르고 있어 예술성이 뛰어나고 전통문화 연구에 귀중한 자료가 된다.

— 이러한 경기도도당굿의 의의는 크게 세 가지로 요약 가능하다.

첫째, 경기도도당굿은 오랜 세월을 거쳐 형성되어 온 역사적 측면을 지니고 있다.

둘째, 전통예술에 지대한 영향을 미쳤다는 예술적 측면을 가진다.

셋째, 종교 사회적 측면으로 마을 공동체의 안녕을 위하는 종교적 기능과 마을을 통합하는 사회적 기능에서 찾을 수 있다(네이버 지식백과).

경기도도당굿의 세 가지 특징은 이 책에서 직업으로서 무당의 사회 정체성으로 꼽은 세 가지 항목인 종교인, 전문직업인, 문화예술인과 공통점을 형성한다는 것을 알 수 있다.

아래 사진은 경기도도당굿 중 원하는 집을 돌며 마을과 집안의 평안을 비는 〈돌돌이〉이다.

경기도도당굿의 〈돌돌이〉

첫 번째 Q에 언급되었던 사회 인식을 말하지 않을 수 없죠. 조선시대 팔천의 하나가 무당이었어요. 그런 사회 인식이 현대사회까지 이어지고 있죠. 그런 무당이라는 직업에 관한 다른 사람들의 편견이 가장 큰 이유였어요. 무당이 된 지금은 무당으로서 어느 정도 자리를 잡아 신도들에게 '인정'의 에너지를 받기 때문에 많이 극복되었어요. 그러나 처음 이 일이 닥쳤을 때는 조언할만한 사람도 없었을뿐더러 덜컥 겁이 났던 것이 사실입니다. 35살이 많다면 많은 나이일 수도 있지만, 뭐든 처음이면 사회 초년생과 마찬가지니, 겁부터 날 수 있죠. 지금 생각하면 그때도 어렸던 거죠. 뭐든 시작하기 전에 생기는 막연한 두려움이었다고 표현하는 것이 더 맞을 것 같습니다. 더군다나 그것에 관한 사회 인식이 좋지 않다면 그 두려움은 2배, 3배로 커지게 되죠. 처음에 무불통신으로 말문이 터졌을 때부터 두려움이 시작되었어요. '이대로 피할 수는 없는 것인가?', '요리사를 계속할 수는 없는 것인가?' 내적 갈등이 심했습니다. 이제 요리사로 막 자리를 잡았고, 방송도 타던 터여서 나름 미래에 대한 계획이 많았어요. 지금 이렇게 무당 관련 도서를 집필하고 있지만, 그때는 한식 전통 가정식에 관한 요리책을 내는 것이 꿈이었죠. 그렇게 요리사로서 꿈이 많았던 때였어요. 왜 안 그렇겠어요? 방황하고 고생하는 20대를 지나 30대 중반이었으니 사회에 어느 정도 자리 잡고 인정받기 시작할 무렵이잖아요. 당시 방송 활동하는 남자 요리사는 저와 다른 요리사 둘 뿐이었어요. 지금처럼 먹방, 쿡방이 유행하던 시절은 아니었으니까요.

그리고 군대 다녀와서부터 신내림 받지 않은 상태에서 무불통신으로 말문이 터진 상황이어서 이대로 살아도 괜찮은가보다 생각했던 것도 있어요. 그렇게 거의 10년을 보내니 갑자기 신내림 받아야 할 상황이 올 거라 생각하지 못했던 거죠. 당시에는 너무 당황스럽고 회피하고 싶고 답답하고 화가 났습니다. 내 미래를 내가 선택할 수 없다는 것이 큰 슬픔으로 다가왔죠.

실제로 무당으로 자리 잡기까지 그 과정은 정말 쉽지 않았습니다. 내 나이 60이 다 되어 가는데 37살에 신내림을 받고 지금까지 얼마나 많은 일이 있었겠습니까? 무당에 관한 편견은 종교 있는 사람은 정말 심하고, 일반인은 더 심합니다. 요리사로 방송까지 나오며 인정받던 나인데 단 한 사람에게라도 손가락질받고 싶지 않았습니까? 그래서 거부하고 싶었어요.

마지막으로 이유는 신을 모시는 사람은 점사를 볼 때만 신이 들어오는 것이 아닙니다. 신은 늘 함께하고 동자신이 오기도 하고, 선녀신이 오기도 합니다. 장군신, 할머니신 등 신마다 성격이나 성향이 다릅니다. 그러니 내 의지대로 사는 것은 거의 없습니다. 아니, 거의 불가능하다고 보면 됩니다. 신을 대변하기 위해서, 신을 모시기 위해서 살며 그것에 관해 최선을 다하는 삶이 무당의 삶이죠. 신내림을 거부하는 것은 이러한 여러 가지 이유가 있습니다.

에피소드_ 신체 고통

우리는 굿하는 것을 일한다고 표현한다. 일하는 날을 잡으면 그날 함께 일할 사람을 정하고 약속을 잡는다. 보통 1~2주일 전에 날을 잡는데 멤버가 정해지면 다들 신기가 있는 무당이라 그 집안의 조상신의 기운을 일하는 날까지 받는다. 이번 에피소드를 선택한 이유는 무당이 이렇게 영험하다는 것을 전달하기 위함이 아니다. 무당의 직업적인 애로사항을 알리기 위함이다. 어쩌면 그래서 사람들이 무당이 되기를 피하려는 것일 수도 있겠다. 앞서 이야기한 것처럼 신체적인 고통은 신내림을 받기 전에도 그렇지만 무당이 되어서도 피할 수 없다.

무당1 아니, 오늘 굿하는 신도는 집안이 왜 이렇게 뒤숭숭해? 다들 일주일 동안 괜찮았어? 난 정말 죽을 거 같아.

무당2 왜? 어디가 아파?

무당1 오늘 아침에는 피똥이 다 나오네! 사흘 동안 아무것도 못 먹었어. 물만 먹어도 토해! 진짜 환장하겠네!

무당2 그렇게 힘들어서 어떻게 해? 이 사람 아버지가 대장암 말기로 돌아가셨다고 하긴 했는데 말이야. 그것 때문인가?

무당1 아우, 그런 게 있으면 미리 언질 좀 해주지 그랬어!

무당2 그러니 어떻게 해! 한두 번도 아니고 미리 말해서 달라지는 게 있어야 말이지! 어차피 겪을 일인데…. 얼른 일 마치고 들어가서 쉬어!

무당1 잠깐만, 기다려봐! 나 화장실 좀 다녀올게!

무당2 약이라도 먹었어?

무당1 약도 소용없는 거 알잖아!

무당2 그래도 통증 가라앉는 약이라도 먹지 그랬어. 얼른 다녀와요~

굿하는 날, 신도의 집안에 병을 앓다가 돌아가신 조상이 있으면 당시 앓았던 병의 고통이 무당에게 나타난다. 대장암으로 돌아가신 조상이 있다면 배앓이를 하거나 심하면 위의 에피소드와 같이 피똥이 나오기도 한다. 자궁암으로 돌아가신 조상이 있는 경우에 여자 무당은 하혈하기도 한다. 이런 경우에는 병원 약도 소용없다. 그냥 일이 끝나면 증상도 말끔하게 사라진다. 그 조상신이 들어와서 고통이 따르는 것이기 때문에 조상신을 보내주면 아무 일도 없었던 듯 사라지는 것이다.

어떤 직업이든지 그 직업만의 애로사항이 있다. 이것은 신과 인간의 경계에 있는 무당만의 직업적인 또 다른 애로사항이라고 할 수 있겠다. 무당의 어떤 부분이 가장 고통스러운지 묻는다면 아마도 이런 일도 포함될 것 같다. 그렇게 죽은 이가 생에 있었을 때의 고통을 함께 느끼며 말하는 것이 무당이라는 직업이다.

— 지정종목 • 국가무형문화재

지정번호 • 제72호

지정일 • 1980년 11월 17일

소재지 • 전라남도 진도군

지예능보유자 • 박병원

종류/분류 • 무속 의식

— 전남 진도에 전승되는 무속 사자 의례로 국가무형문화재 제72호이다. 씻김굿은 죽은 사람의 영혼이 극락에 가도록 인도하는 무제로 다른 지역의 씻김굿은 무당이 궁중복을 입고 작두의 날 위를 걷는 등의 행위를 하며 죽은 사람과 직접 접신한다. 그러나 진도씻김굿은 무당이 소복을 입고 춤과 노래로 신에게 빌고, 죽은 자의 후손으로 하여금 죽은 자와 접하게 한다는 특징이 있다.

— 진도씻김굿의 순서는 아래와 같다.

① 안땅 : 대청마루에서 여러 조상에게 누구의 굿을 하는지 고하는 굿.

② 혼맞이 : 객사한 자의 씻김굿을 할 때만 하는 굿.

③ 초가망석 : 씻김을 하는 망자를 비롯하여 상을 차려 놓은 조상들을 불러들이는 대목의 초혼 굿.

④ 쳐올리기 : 초가망석에서 부른 영혼을 즐겁게 해주는 대목의 굿.

⑤ 제석굿 : 진도 지방 굿의 중심으로 어느 유형의 굿에서나 모두 행함.

⑥ 고풀이 : 이승에서 풀지 못하고 저승에 간 한과 원한을 의미하는 '고'를 차일의 기둥에 묶었다가 하나씩 풀면서 달래는 굿.

⑦ 영돈말이 : 시신을 뜻하는 영돈을 마는 대목으로 망자의 옷을 돗자리에 펼쳤다가 돌돌 말아 일곱 매듭으로 묶어 세움.

⑧ 이슬 털기 : 씻김이라고도 하며 씻김굿의 중심 대목으로 앞에 세워 놓은 '영돈'을 쑥물·향물·청계수의 순서로 빗자루에 묻혀 머리부터 아래로 씻는다. 이는 축귀적 의미를 것으로 '영돈'을 깨끗이 씻어 극락왕생하도록 비는 것.

진도씻김굿의 종류

종류	내용
곽머리씻김굿	초상이 났을 때 옆에서 직접 하는 굿으로 진씻김이라고도 함
소상씻김굿	초상에 씻김굿을 하지 않고 소상 날 밤에 하는 굿
대상씻김굿	대상 날 밤에 하는 굿
날받이씻김굿	집안에 우환이 있거나 좋지 않은 일들이 자주 일어날 때 이승에서 풀지 못한 조상의 한을 풀어 주기 위하여 하는 굿. 무당이 날받이를 해주어 '날받이씻김'이라고 함
초분이장때의 씻김굿	초분을 하였다가 묘를 쓸 때 하는 굿. 묘를 쓴 날 밤 뜰에 차일을 치고 죽은 자의 넋을 씻어줌
영화씻김굿	조상 중 어느 한 분의 비를 세울 때 그분의 넋이 영화를 누리라고 하거나, 집안에 경사가 있을 때 이는 조상이 돌보아준 은덕이라 하여 조상들을 불러 하는 굿
넋건지기굿	물에서 죽은 자의 넋을 건지는 굿 '용굿', '혼 건지기 굿'이라고도 함
저승혼사굿	총각이나 처녀로 죽은 자끼리 사후 혼인을 시키는 굿

이후 왕풀이 ·넋풀이 ·동갑풀이 ·약풀이 ·넋올리 ·손대잡이 희설 ·길닦음 그리고 마지막으로 종천에서 끝난다. 하룻밤 내내 걸리는 씻김굿은 '길닦음'에서 절정을 이루는데, 애절하게 이어지는 삼장개비 곡조는 보는 이로 하여금 눈물을 자아내기도 한다(네이버 지식백과).

국가무형문화재 제72호 진도씻김굿 2021년 공개발표회

PART 2

무당이 되다

001
굿의 유래

무당은 '하늘과 땅을 잇는 존재'라는 의미이다.

굿의 목적에 따라 무신제, 가제, 동제로 나뉘며,

주체에 따라 강신무, 세습무로 나뉜다.

굿은 중생구제와 소원성취의 목적을 지닌다.

무속은 '무당을 주축으로 민간 층에서 전승되는 신앙'이라고 할 수 있다. 무당을 뜻하는 한자는 '巫'인데 이것을 분석하면 '人+工+人=巫'로 해석된다. 이것은 '하늘과 땅을 잇는 존재'라는 의미로 무당은 인간의 의지를 하늘에 전달하며, 하늘의 의지를 인간에게 전달하는 매재자의 역할을 한다.

학자들은 B.C. 2333년 단군이 나라를 건국한 시기로부터 무속이 유래되는 것으로 여긴다(박미경, 2004). 이것은 한국인에게 무속은 단순한 종교적인 의미가 아닌 오랜 전통문화를 의미한다고 볼 수 있다. 굿에 관한 옛 기록이 부족해서 정확한 역사를 파악하기는 어렵다. 다만, 문헌으로 전하는 가장 오래된 종교적 제의로는 〈삼국지〉 위지 동이전에 쓰인 부여의 영고, 고구려의 동맹, 예의 무천 등과 같은 제천의식이 있다. 이후 무당에 관한 직접적인 기록은 〈삼국사기〉와 〈삼국유사〉에 전하는 남해왕조의 것이다. 여기에서 신라 제2대 남해왕인 차차웅이 방언으로 '무당'이라는 뜻이었다고 하며 고구려의 무당이 유리왕의 병의 원인을 알아내어 낫게 했다는 기록이 있을 뿐이다. 현대에 와서 무당이 신이 들려 공수를 내리고 도무(몹시 좋아서 날뜀)하는 등의 굿은 적어도 고려시대에 제의 체제가 갖추어졌다고 본다(최길성, 1978).

굿의 어학적 의미는 '여러 사람이 모여 떠들썩하거나 신명 나는 구경거리', '무속의 종교 제의로 무당이 음식을 차려 놓고 노래하고 춤추며 신에게 인간의 길흉화복을 조절해 달라 비는 의식'으로 정의된다.

굿의 종류는 규모나 형태의 문제가 아닌 목적에 따라 크게 달라진다. 굿을 목적에 따라 분류하면, 첫째 무당 자신의 신굿인 무신제, 둘째 민가의 개별적 제의인 가제, 셋째 마을 공동의 제의인 동제 세 가지고 대별할 수 있다. 이것을 다시 세분하면 다음과 같다.

\<무신제\>

무신제에는 무당 자신의 굿인 강신제와 봄가을에 주기적으로 하는 축신제가 있다. 강신제는 성무자가 자신에게 내린 신을 받아 무당이 되는 성무의례를 의미하는 것으로 내림굿, 신굿, 하직굿 등으로 표현하기도 한다. 축신제는 해마다 무당이 모시는 신의 영험을 주기적으로 재생시켜 무당의 영험력을 강화시키는 제의로 신령굿, 꽃맞이굿, 대택굿 등으로 표현한다.

\<가제\>

민가에서 가족의 안녕과 행운을 빌기 위해 하는 굿으로 '생전제의'와 '사후제의'로 나뉜다. 생전제의는 산 사람의 길복을 추구하는 목적으로 행해지고, 사후제의는 죽은 이의 넋을 천도하는 것이 목적이다.

생전제의는 대개 삼신과 칠성에게 아기를 갖게 되길 원하거나 아기가 무병하게 성장하기를 비는 내용으로 '기자·육아 기원제의'가 있다. 이는 칠성제, 삼신풀이, 지앙맞이 등으로 불리기도 한다. 치병을 목적으로 하는 제의로 병굿이나 푸닥거리를 의미하는 '치병 기원제의'도 있다. 결혼 전날 아침에 조산에게 혼사를 고하고 성혼 후의 행복을 기원하는 굿으로 '혼인 축원 제의'도 있으며, 가장 많이 행해지는 주기제의 하나로 영화굿, 축원굿, 성주굿, 고사 등의 '제액·행운 기원 및 기풍 제의'가 있다. 마지막으로 해상에서의 안전과 풍어를 비는 제의로 '해상 안전·풍어 기원제의'가 있는데, 용왕굿, 용왕맞이 등으로 표현한다.

사후제의도 크게 세 가지로 나뉘어 볼 수 있다. 상가를 깨끗하게 하고 죽은 사람을 극락세계로 가게 하는 소규모의 굿인 '상가정화 겸 망인 천도제의'가 있다. 또 물에 빠져 죽은 사람의 넋을 건져 올리는 굿으로 '익사자 천도제의'가 있다. 마지막으로 사망 후 본격적인 망인 천도를 위한 굿으로 '망인 천도제의'가 있으며 씻김굿, 다리굿, 진오기굿 등이 바로 그것이다.

<동제>

마을굿이라 불리는 동제는 마을을 수호하는 동신에게 주민들이 정성을 모아 드리는 제의로 봄가을에 주기적으로 행해졌다. 마을의 액을 막고 풍농이나 풍어를 비는 것이 주된 목적이었다. 내륙지역에서 주로 행하는 굿으로 '제액·풍농 제의'는 도당굿, 부군당굿, 별신굿 등이 이에 속한다. 해안지역에서 주로 행하는 굿으로 풍어제, 용신굿으로 표현하기도 하는 '제액·풍어 제의'가 있다.

　　보통 하나의 굿은 동일한 구성 양식을 가진 12~30가지의 작은 굿들로 이루어진다. 이 작은 굿은 소제차(小祭次)라 불리며 거리, 석, 굿 등으로 표현하는 굿을 구성하는 최소 단위를 의미한다. 이러한 소제차는 보통 굿당을 정화하고 청신하는 내용의 굿이 앞쪽에 배치되고, 중요한 무속신을 모셔 대접하고 기원하는 내용의 제차는 굿의 중간을 이루며, 잡귀를 둘어 먹이는 내용이 맨 마지막에 진행된다. 이는 전체적으로 청신—대접 기원—송신의 기본구성을 의미한다.

강신무

·

강신무의 굿은 무당과 신이 합일하는 일원적 형식을 취하는 것으로 무당이 제의 중에 신이 들려 신격화하는 것이 특징이다(김수남 외 외, 1985). 이러한 강신 현상은 신병을 통해 이미 세속의 삶을 끝내고 신의 영역으로 들어가 신의 권능을 지닌 무당으로 언제든지 신성으로 환원 가능한 기능을 가진 것으로 볼 수 있다.

이러한 강신무는 지역에 따라 차이를 보인다. 서울을 중심으로 한강 이북 경기도 지역은 궁중의 영향으로 화려한 무복과 잘 짜여진 형식미를 보이며 무악기는 장구, 징, 제금, 해금, 피리, 젓대가 사용된다. 황해도와 평안도는 칼을 들고 격렬한 춤을 추는 형식으로 무복은 화려하다. 황해도 굿은 연극적인 반면, 평안도 굿은 염불을 부르는 등의 불교적 색채가 짙다. 함경도 굿은 강신무 특유의 춤추고 뛰는 행동이 드물고, 서사무가의 자료가 풍부한 것이 특징이다. 북부지역은 무악기로 장구, 징, 북, 꽹과리 등 주로 타악기가 중심을 이룬다. 중북부지역의 굿은 신과 일원화된 관계에서 제의가 진행되어 무복이 중요시되며 종류가 많다. 강신의 황홀경으로 몰입되어가는 빠른 장단의 타악기가 중심이 되며, 신의 위엄을 보여주는 도검류를 많이 사용한다(김수남 외 외, 1985).

세습무

강신 현상이 없는 세습무의 굿은 무당이 대좌 관계를 유지하는 이원적 양상을 보인다. 신격화될 수 없는 세습무는 신을 향해 인간의 소원을 비는 이원적인 방향으로 진행되는 굿이다. 이러한 이유로 세습무의 굿에는 공수도 없고 신의 의사를 알기 위한 점사도 없다. 신의 영험력이 없이 의례적으로 제의를 집행하는 형식인 것이다(김수남 외, 1985).

예를 들어 영남지역의 오구굿에서 무당이 망인의 영혼이 실리는 '신태집'을 들고 넋이 실리는 것처럼 맹렬히 흔들며 춤추는 장면이 있다. 이것은 의례적으로 하는 행동일 뿐이다. 강신무의 무당과 같이 망인의 넋이 실리는 넋두리 장면과는 큰 차이가 있다. 이 때문에 중요무형문화재에 등재되기 위해 여러 번 시도한 세습무가 '영이 없이 의례적인 제의만 진행하는 것이라 해서 등재되기 어렵다'는 피드백을 받았다는 에피소드가 있다(P.59 참고).

세습무의 또 다른 특징은 이처럼 신들리는 것이 아닌 이원적 양상으로 진행되기 때문에 굿에서 무복을 필요로 하지 않는다는 점이다. 무족은 해당 무복의 신으로 전환하기 위해 필요한 의장인데, 세습무는 신으로 전환하지 않으니 필요치 않다는 것이다. 이런 이유로 호남 단골의 복장은 깨끗한 흰색 치마저고리를 입는 것이 보통이고, 큰 굿에서는 흰 두루마기를 입고 머리에 백지로 접은 고깔을 쓴다. 영남지역에서는 쾌자, 영동지역(동해안)에서는 쾌자와 활옷 정도를 걸칠 뿐이다.

굿의 의미

굿은 무속의 사고체계인 신관, 우주관, 내세관, 영혼관 등이 종합되어 표현된다. 전국에서 조사된 7백여 편의 무가를 계통별로 분류하면 내용을 10개로 집약할 수 있는데 ① 부정, ② 청신, ③ 조상(조상의 근원을 이어), ④ 기자(세상에 태어나서), ⑤ 수명(오래 살면서), ⑥ 초복(재물을 많이 가지고), ⑦ 제액·수호(액운을 물리치며), ⑧ 치병(건강하게), ⑨ 명부(죽어서도 좋은 곳으로), ⑩ 송신 계통이다(김수남 외, 1985). 이처럼 국가무형문화재로 지정되기도 한 한국의 굿은 '굿을 통해 신을 달래고 복을 구한다'는 중생 구재, 소원성취의 목적을 지녔다.

각각 무가의 내용은 괄호 안의 내용을 염원하는 것이다. 염원의 내용은 짧은 명을 길게 하고, 약한 것을 강하게 만드는 등 현실의 제약된 상황을 제약이 없는 상황으로 바꾸어 놓으려는 행동적 실천 현상이 주를 이룬다. 이것이 굿과 더불어 무교을 미신이라고 만드는 결정적인 이유일 수 있겠다. 현대인의 합리적인 사고와 결합되기 어려운 부분이 바로 이것이다. 현실적인 현대인의 사고와 달리 무속은 현실 밖의 상황에 비중을 두고 현실계와 비 현실계 양자의 상황을 모두 고려하는 입체적 사고를 가지기 때문이다.

그러나 합리적인 사고와 결합되기 어려운 부분은 모든 종교의 공통점이기도 하다. 다른 종교와 무교가 다른 점은 신의 존재와 역사에 관한 기록서의 유무일 것이다. 기독교, 천주교, 불교와 같은 종교는 역사적인 내용이 담긴 교리서를 가지고 있다. 그에 반해 무속은 역사에 기록도 거의 전무하며 대부분 구전에 의해 내려온 민간신앙이다. 무교가 앞으로 해결해야 할 문제는 교리서와 기록에 관한 연구이다. 다른 종교는 비현실적계를 교리서로 설명하는 반면, 무교는 뒷받침할만한 근거자료가 부족한 것이다. 남은 후손은 무교의 번창을 위해 과제를 풀어나가야 할 것이다.

굿값은
어떻게 책정되나요?

굿이 무엇인지 먼저 생각해 볼 필요가 있어요. 현대인은 '굿이 뭔가요?'라고 물으면 어떻게 대답할까요? 점집에 가서 무당에게 비용을 지불하고 제사상을 차리고 집안의 안녕을 기리는 무당춤을 추는 것이라고 말하는 사람들이 대부분일 것입니다.

예전부터 양반 사대문 집안과 궁에서 잔칫상을 벌여놓고 무당이 춤을 추며 놀았어요. 성산거리는 임금님과 놀아주는 것을 의미하며, 장군거리에서 사용하는 '마누라'라는 용어는 나라님을 높여 부르는 의미입니다. 굿은 사대문 집안의 먹고 노는 굿인 한양굿에서 유래되었다 해도 과언이 아닐 것입니다. 그래서 굿할 때 차리는 상차림에 재물이 많고, 악사가 들어오고, 풍류가 있었던 것이죠. 굿할 때 저희는 상차림을 정말 크게 차립니다. 보통 사람들은 상차림이 이렇게까지 커야 하냐고 물을 때도 있어요. 이것은 굿의 유래를 모르기 때문에 묻는 것이죠. 그렇게 크게 상을 차려놓고 집안의 조상신을 불러 모아 어르고 달래주어 자손이 평안하게 지낼 수 있게 돕는 것이 작은 의미의 굿인 거죠. 영조 임금이 단골레였던 벼루를 무당으로 내려주셔서 이

정면 굿상

우측 굿상

야외 굿상

후로 무당이라고 불리기 시작했어요. 경기민요에는 대감타령, 성주풀이가 있고, 한양 세남굿은 무형문화재로 선정되기도 했습니다.

이처럼 우리나라의 역사와 문화에는 무당도 함께 계승되었습니다. 현재는 과거의 방식에 비해 복장이나 굿거리(놀아주는 과정)가 많이 간소화되었어요. 아무래도 상업적으로 발전되다 보니 목적이 상실될 수밖에 없지요. 굿값이 비싸면 신도들의 굿하는 횟수가 줄지 않겠어요? 신도와 가격을 흥정하다 보니 벌이는 규모가 점점 줄어드는 것이 인지상정 아니겠습니까? 거기다 혼자 굿판을 벌일 수 없으니 악사도 들이고 박수무당도 들이고 하는 거죠. 실제로 굿거리 한 거리만 놀아도 2시간이 걸리니 그들의 인건비도 줘야겠죠.

과거에는 굿한다고 해서 돈을 받지 않았어요. 쌀, 떡, 참기름 한 병, 들기름 한 병 등 현물로 받았어요. 이것이 현재까지도 남아서 굿당에 가보면 앞에 쌀이며 떡이며 먹을거리가 쌓여있죠. 이러던 것이 무당이 직업이 되면서 먹고 살아야 하니 비용을 돈으로 받기 시작하게 된 것입니다. 예전처럼 쌀을 받아서 먹고살 수는 없잖아요. 교통비, 운영비 등 과거에는 없던 비용이 추가되면서 많은 부분이 왜곡된 것이 사실이긴 합니다. 굿당도 대여비가 들어갑니다. 과거에 비해 굿당 대여비도 많이 올랐어요. 거기다 굿하고 나면 최소 몇 개월 동안 그 집안을 위해 기도를 올려주는데 기도를 올리기 위해 앞서 말씀드린 것처럼 큰 산에 기도하러 갑니다. 그때도 먹고 자며 기도당을 빌려 기도드리니 모든 것이 다 돈 아니겠습니까? 이러한 모든 것이 굿값에 포함된다고 보면 됩니다.

가정에서 명절에 작은 차례상 하나 차리는데도 몇십만 원이 소요되잖아요. 굿상을 보면 아시겠지만 한 상으로 끝나지 않습니다. 장소에 따라 다르지만, 정면에 큰 상을 차리고 양쪽에 작은 상을 차리고 문간에도 차리고 야외에도 따로 차리는 예도 있습니다. 굿의 규모에 따라 상차림이 다르지만, 가정의 상차림과 비교하면 안 됩니다. 적정한 금액이라는 것은 없습니다. 형편에 맞는 금액을 부르는 무당에게 집안의 안녕을 빌어주는 것이 어떨까 합니다. 그러나 우려되는 것은 천만 원 단위의 금액을 부르면 고심해봐야 하지 않을까요? 사기성이 있다며 재판에 넘어가는 사례가 뉴스화되고 있습니다. 모든 것은 각자 판단의 몫입니다. 각자가 현명한 판단을 할 수 있었으면 하는 바람입니다.

에피소드_ 굿상의 물가

굿하는 날이면, 굿당의 상차림을 도와주는 이모와 삼촌이 나온다 (편의상 우리는 도움을 주시는 분들을 이모, 삼촌이라고 부른다). 이모님들은 잔 칫상만 한 굿상에 과일이며, 전이며 음식을 맛깔스럽게 깔아주시는 거 며 자질구레한 일까지 세심하게 봐주신다. 음식은 전 하나만 해도 방 대한 양이고 과일이며 사탕이며 우리나라 잔칫상에는 돌아가며 탑을 쌓기 때문에 이모님들 도움 없이 상을 차리기란 거의 불가능하다고 말 할 수 있겠다. 삼촌들은 무거운 봇짐이며 몇 개씩 되는 과일 상자도 날 라주신다.

이런 상차림과 굿의 준비에서 굿이 끝나고 치우는 과정까지 모두 함께 하므로 이모들과 삼촌들은 거의 같은 회사 동료라고 해도 무방하 다. 그러니 그 과정에서 대화가 오갈 수 있는 시간은 매우 많다. 오늘도 굿상을 차리며 이모들이 한마디씩 한다.

이모 1 올해는 물가가 너무 많이 올랐어. 과일값이 사과, 배 값만 해 도 8-9만원 정도 하던 게 16만 원 가까이 돼.

이모 2 그러게 말이야! 코로나19가 시작되고 나서는 물가가 제대로 된 물가가 아니야!

이모 1 작년에도 힘들었는데, 올해는 정말 힘드네. 아니, 석윳값이 올라서 촛값도 30~40%가 올랐어.

이모 2 촛값 또 올랐어?

이모 1 석웃값 오르면 촛값도 오르는 건 일반인은 모르는 얘기지.

무당 1 아이고, 제일 많이 들어가는 물건인데… 정말 힘드네!

무당 2 (한숨을 푹 쉬며) 우리 인건비 빼고는 다 올랐네.

이모 1 하하하! 그런 거야?

무당 1 나도 웃음이 나왔으면 좋겠어! 굿당 대여하는 당비도 올랐어.
하루에 5만 원이나 올리니 어쩌면 좋을지 모르겠네! 그래도
삼촌, 이모님들 일당은 올랐잖아.

이모 2 하기사, 우리는 도와주기만 하면 되긴 하지! 이렇게 힘든 시기
에 굿값 올리기도 그렇겠네.

무당 2 나도 인건비 올려줘! 다른 건 다 오르는데 왜 내 일당만 그대

돼지 한 마리 야외 굿상

로야! 다 주고 나면 난 뭐 갖고 기도해?

이모1   그러니 어쩌겠어. 무당은 존재 목적이 중생구제에 있는 것이
        니까!

무당1   그래, 중생구제에 있는 것이지! 오늘도 열심히 일해야지!

야외에서의 굿상은 실내에서보다 더 크게 차리기도 한다. 돼지 한 마리가 올라가기도 하고, 마을굿은 소 한 마리가 올라가기도 한다. 굿상 차림은 정성이다. 신을 모시는 첫걸음이기 때문에 늘 가장 좋은 음식으로 푸짐하게 차리려고 노력한다. 또 하나는 전 직업이 다른 것도 아닌 셰프였기 때문에 음식 차림에 더 신경 쓰는 것이 사실이다.

야외 굿상

002
무당이 되기 전,
앓는 무병 양상은?

무병은 고통스럽다.

그러나 무당의 시작이기도 하다.

신의 선택이기도 한 무병은

어떤 것인지 알아본다.

'무병'은 샤먼이 되는 초기 단계에서 경험하는 신비한 현상이자 종교적 현상이다(최길성, 1999). 강신무들은 모두 무병 체험을 말한다. 그들이 말하는 신의 풍파는 어떤 것이길래 무당의 길을 거부하지 못하고 승낙하는 것일까? 무병은 무당 개인의 종교 체험이지만, 집단으로 인정되는 사회적 표상이기도 하다(최길성, 1999).

임선진(2010)의 연구에서 광주지역의 무당 19명을 연구해 각각 앓았던 무병의 공통점 24가지를 아래와 같이 나열했다.

1. 병명을 알 수 없는 병을 심하게 앓는다.

2. 아내를 구타한다.

3. 잘 얹히고 소화가 안 된다.

4. 딸꾹질이 심하다.

5. 머리가 심하게 아프거나 가슴이 뛰고 헛소리를 하는 등 정신이상 증세가 나타난다.

6. 관세음보살, 단군, 예수와 부처, 모르는 할아버지와 할머니가 나타나는 기이한 꿈을 자주 꾼다.

7. 학교(공부)가 싫고 산과 들판을 찾아 헤맨다.

8. 가정불화로 이혼하게 된다.

9. 임신한 아이를 낙태시키는 등 독특한 경험을 하게 된다.

10. 자녀나 형제 사망과 같은 가족 성원의 죽음을 경험한다.

11. 남편이나 아버지, 어머니, 자녀 등 가족 성원이 신병(앉은뱅이, 정신이상 등)을 겪는다.

12. 갑자기 하는 일이 망하게 된다.

13. 사기를 당하거나 재산 손실을 보게 된다.

14. 예지력으로 주변 사람들의 상황이나 미래를 알아맞힌다.

15. 부부관계가 멀어진다.

16. 귀신 꿈을 꾸고 가위에 눌린다.

17. 아픈 사람을 낫게 한다.

18. 자녀들의 방황, 가족 해체와 같은 파란이 일어난다.

19. 하는 일마다 잘 안되고 풍파(재산, 인간, 건강)를 겪는다

20. 다리를 다쳐 절게 되거나 신체 마비와 같은 사고를 당한다.

21. 귀신 몰골로 변하면서 심하게 마른다.

22. 물에 빠졌지만 살아나거나 높은 곳에서 떨어지는 등 어린 시절 죽을 고비를 여러 차례 경험한다.

23. 부모나 혹은 윗대 가족 성원이 신기가 있지만 신을 받지 않아 자신의 세대로 내려온다.

24. 태어날 때 수술 자국과 같은 상처가 몸에 있거나 신이 보이는 것 같은 신비한 체험을 한다.

이것은 최광현 작가님도 마찬가지이다. 본인의 몸이 아픈 것은 둘째치고, 죽을 고비를 넘겼으며, 가족 특히 어머니가 많이 편찮으셨다. 외가 쪽으로도 신기가 있으신 조상이 많았고, 예지력으로 주변 사람들

의 상황을 알아맞혔다. 아래는 위의 연구에서 진행된 무당의 한 인터뷰를 각색한 것이다.

류 씨(43, 남)는 고등학교 시절 예지력이 있어 다니던 교회의 교인들에게 미래를 알려주었는데 대부분 그대로 이루어졌다. 대학을 들어가고, 군대 다녀와서도 공부도 안 되며, 답답한 마음이 지속되어 술만 마셨다. 흰옷을 입은 할아버지와 귀신이 자꾸만 보여 어머니에게 제사상을 차려달라고 부탁했는데, 어머니가 의뢰해서 굿을 했다. 첫째 누나가 누름 굿을 받고 신을 막았던 경험이 있었으며, 당시에는 가족들이 아프거나 돌아가며 수술하는 일들이 많아졌다. 굿을 한 이후에 공부하려는데 그동안 술을 너무 많이 마셨는지 건강이 좋지 않았다. 신당을 차렸으나 말문이 트이지 않아 신당을 정리한 당숙모의 권유로 점집에 갔는데 내림굿을 권유받았다. 그도 그 자리에서 귀신이 보여 내림굿을 받아 무업을 시작했다.

공통적인 내용은 자신뿐만 아니라 가족도 정상적인 생활을 할 수 없었으며, 교회 목사님의 안수 기도를 받거나 병원에 다니는 등 신내림을 피하기 위해 노력했지만 아무 소용이 없었다는 것이다. 이처럼 무병은 피할 수 없는 고통을 안겨주며 일상생활과 건강한 생활이 불가할 정도 이상증세를 동반했다. 그러다가 신내림을 받은 후에는 평화와 건강을 되찾을 수 있었다. 그것이 연구자들과 최광현 작가님까지 무당의 공통점이었다.

신내림 받은 무당이라면 이 말을 이해할 거예요. 무당의 인생은 평범한 인생과는 거리가 멀죠. 가족사부터 시작해서 어렸을 적, 신내림 받기 전까지 그리고 신내림 받은 후에도 평범하지 않아요. 이렇게 살아온 인생사를 되돌아보면 오히려 평범한 것이 더 힘든 게 아닐까 하는 생각이 들기도 해요.

저는 태어나서 5살 때까지 걷지 못했다고 들었어요. 그래서 집안 어른들께서 큰 병이 있는 것이 아닌지 걱정이 많았다고 해요. 그리고 자라면서는 초등학교 때 저수지에 빠져서 죽을뻔한 적이 있었어요.

그러다가 21살에 어머니와 함께 점집에 간 적이 있었어요. 당시 집안에 우환이 많고 가족들이 돌아가며 아팠어요. 들어가서 어머니와 함께 앉아있자니, 그 무당이 우리 둘을 번갈아 가며 쳐다보더라고요. 그러더니 어머니를 빤히 쳐다보며 하는 말이 '당신이 신을 받지 않으면 아들이 받을 거야!'라고 말하더군요. 어머니도 신기가 있었던 거죠. 외가에 무당이 많거든요. 그때 느낌이 선명하게 기억나진 않지만, '설마! 그렇게 되겠어?'하고 생각했던 거 같아요.

그렇게 잊고 지내던 터에 27살에 군대를 다녀왔는데 어느 날 갑자기 무불통신으로 신의 말이 입 밖으로 튀어나오더라고요. 무불통신으로 말문이 터진다는 것이 어떤 의미인지 일반인은 잘 모르실 거예요. 예를 들어 말씀드릴게요~ 어느 날, 제대하고 군대 선임과 함께 저녁을 먹는데 자꾸 검은색이 보이더라고요. 향냄새도 나고…. '왜 형한테서 자꾸 검은색이 보이지? 향냄새도 나고… 누가 죽었어요?' 하고 말하니까 선임이 깜짝 놀라더라고요. 어제 사촌 형이 죽어서 장례식장에 다녀왔대요. 그렇게 시작된 거 같아요. 뭐든 느껴지고 느껴지니 말하게 되고… 그렇게 시작되었죠.

그래도 신내림은 마지막까지 피하고 싶었어요. 그렇게 주변 사람에게 아는 소리 조금씩 하며 버티고 있었죠. 요리사로 입문해서 활동을 시작했어요. 한식, 양식, 중식, 일식 할 것 없이 요리학원과 제과제빵 학원도 함께 운영했어요. 방송에도 나오며 활발하게 활동하고 있었죠. 그때쯤이었어요. 전에도 건강한 편은 아니었는데 몸이 너무 안 좋아지더라고요. 그런데 병원에 갔더니 혈액암이라는 거예요. 정상 혈액 수치의 8배라며 항암치료를 하자는 의사에게 신내림 받고 와도 수치가 이렇게 높으면 그땐 항암치료 받겠다며 나왔어요.

결국 그렇게 35살에 신내림을 받게 되었어요. 전에는 가보지 않은 이 세계에 관한 선입견이 컸어요. 세상의 무당에 관한 시선이 두려웠던 거 같아요. 그래서 더 고생했죠. 어떤 직업이든 사회 초년생은 두려움이 있잖아요.

지금은 무병으로 고생하는 분이 계시다면 감히 조언하고 싶어요. 본인뿐 아니라 주변인까지 고생시키지 말고 신내림 받으라고요. 신내림 받고 나서 지금은 너무 평안하고 좋습니다. 거의 평생 아팠기 때문에 아픈 것이 너무 싫은데, 지금은 너무 건강합니다. 다시 되돌아가라면 아픈 것 빼고는 다 좋다고 말하고 싶어요. 다시 되돌려서 생각하기 싫을 정도로 정말 고통스러웠던 시간이었어요.

무속인의 심령 세계에는 무불통신이란 단어가 있다. 그와 연관된 단어는 아래와 같은 사전적 의미를 찾을 수 있습니다.

무불통지(無不通知) : 무엇이든 환히 통하여 모르는 것이 없음을 뜻하는 고사성어

'교양'은 현대에서만 요구되는 것이 아니라 과거에도 요구되는 것이었다. 그런데 우리나라에서는 교양이 많은 사람이라고 하면 인문적인 교양을 쌓은 사람, 따라서 우리나라 또는 동양의 고전에 대한 지식이 많은 것을 의미하였으며, 또 그것을 장려하였다.

그러나 교양은 고전에 대해 많이 안다는 것이 아닌 '사람'이 자유를 위하여, 즉 자연의 세계에 대하여 뿐 아니라 사회적, 도덕적 발전을 위하여 쌓은 업적을 이해하는 동시에 그 자신도 그와 같이 노력함으로써 새 자유를 얻으려고 하는 자유의 정신과 신생의 교양이었다. 이러한 교양을 두루 갖춘 것을 가리켜 무불통지라고 한다.

이와 비슷한 뜻을 가진 고사성어로는 무소부지(無所不知), 박학다식(博學多識)이 있다.

무불통달(無不通達) : 통하고 닿지 않는 것이 없음. 즉 세상 어떤 것에도 통할 만큼 뛰어남.

무불간섭(無不干涉) : 자기와 상관없는 일에 공연히 간섭하고 참견함.

무불세계(無不世界) : 부처가 없는 세계, 석가가 돌아가고 미륵이 아직

나오지 아니한 그 사이의 시대를 일컬음.

— 무불성(無不性) : 불성이 없음. 만물, 만상이 모두 불성을 가진 까닭에

특히 불성을 꼬집어 따질 필요가 없다는 말

— 이러한 의미에 관해 〈한국무속 성무학회〉에서는 무속인이 사용하는

무불통신이란 의미에 관해 '환하게 보인다'라는 의미가 있고, 익으면

무불통달의 의미로 '환하게 보는 일에 능숙하다'라는 의미로 생각된다

고 적었다(김윤호, 2011).

에피소드_ 나의 무병

나는 어릴 적부터 만병을 앓았다. 정말 안 아픈 곳이 없다는 말이 맞을 정도로 많은 병을 앓았다. 지금까지 앓았던 병은 전신 근무력증, 급성 기관지 천식, 갑상선 기능 저하, 난청, 이명 등이다. 지금 생각하면 이런 병을 앓으면서도 학교 과정을 무사히 마치고 군대 다녀온 것이 신기할 따름이다.

그러나 군대 다녀와서도 별반 다르지 않았다. 아니, 오히려 더했다. 약 먹으며 하나하나 고쳐가는 과정에 혈액암 판정을 받게 된 것이다. 당시 내 몸은 말로 표현할 수 없을 정도로 안 아픈 곳이 없었다. 그때 내 나이가 37살이었으니 남들이 말하는 한창나이였다. 증상을 말하니 병원에서는 기본적인 검사를 다시 해보자고 했다. 결과가 나오는 일주일 후에 다시 병원에서 청천벽력과 같은 이야기를 듣게 된다.

의사   최광현 환자시죠? 지난주에 진행한 검사 결과가 좋지 않게 나왔어요. 환자분의 적혈구 수치가 정상인의 9배가 많습니다. 아무래도 척추를 통한 염색체 검사를 해야겠어요. 그리고 바로 입원해서 항암제 치료를 받아야겠습니다.

나   (한숨을 쉬며) 그렇게 심각한가요?

의사   현재 수치로 봐서는 자칫 잘못하면 위독한 상황까지 갈 수 있

	습니다. 조금만 더 늦게 왔다면 큰일 날 뻔했어요! 오늘 바로 입원하시죠.
나	제 병은 제가 잘 압니다. 저희 집에 신줄이 있는데, 제가 그것을 받지 않아서 신이 몸을 아프게 하고 있어요.
의사	(당황하며) 시… 신줄이요?
나	제가 군대 다녀와서부터 증상이 있었어요. 27살 때부터니까 9년이 되었네요. 피하고 싶었는데, 이제 한계인 거 같아요.
의사	무슨 말씀이신지….
나	신내림을 받아야지 낫는 병이라는 말입니다.
의사	신내림요? 아니, 적혈구 수치와 신내림이 상관관계가 있다고 말씀하시는 건가요? 무슨 말씀인지요. 환자분은 지금 바로 입원하셔서 항암치료를 받으셔야 해요.
나	일단, 선생님 제가 가서 신내림을 받고 오겠습니다. 신내림을 받고 오면 병이 나아질 겁니다.
의사	그러다 정말 큰일 나세요!
나	제가 신굿을 하고 와도 적혈구가 정상인의 9배가 많으면 그때 입원하겠습니다. 그땐 군소리 없이 항암치료도 받겠습니다.
의사	이 병원에서 나가서 어떤 상황이 벌어져도 저는 책임지지 않습니다. 이건 환자분의 결정이라는 걸 서명하고 나가셔야 해요. 제 판단으로는 현재 환자분은 분명히 응급상황입니다.
나	알겠습니다. 여기에 사인하면 되는 건가요?
의사	네! 정말 괜찮으시겠습니까?

의사의 만류에도 나는 병원을 나와 바로 신굿을 할 수 있는 곳을 찾아갔다. 그렇게 신내림을 받고 다시 병원에 가서 검진받았다.

의사 환자분 검진 결과가 놀랍습니다. 적혈구가 정상인의 6배로 수치가 내려갔네요.

나   지난주에 신내림 받고 왔습니다.

의사 …….

나   제가 말씀드렸잖아요. 살다 보면 의학으로도 증명이 안 되는 일이 있습니다.

의사 아, 네! 그럼, 치료나 추가 검진은 지금도 안 받으시는 거죠?

나   네, 나가서 좀 더 일을 진행하고 다시 검진받으러 오겠습니다.

의사 네! 그렇게 하시죠.

그리고 신당을 모시고 다시 병원을 찾았을 때는 적혈구 수치가 정상인의 3배로 줄었다. 그리고 산에 들어가 기도 정진 후에 다시 찾아갔을 때는 정상이라는 판정을 받았다.

무병이 들었음에도 신내림을 계속해서 거부했다는 일화를 종종 방송에서 접할 수 있다. 이런 일을 겪게 된다면 과거의 나처럼 겁먹지 말고 일단 무속인과 먼저 상담하라고 권하고 싶다. 이 직업은 적절한 때를 놓치면 본인에게 정말 큰 일이 생기거나 고생을 심하게 할 수 있기 때문이다.

003
무당이 모시는 신의 종류
_ 인신 계통, 자연신 계통

무당이 모시는 신은

인신 계통과 자연신 계통으로 나뉜다.

이들의 신은 대부분

조상신의 다른 표현임을 알 수 있었다.

민간인이 신앙하는 신은 크게 자연신과 인신(人神)의 두 종류로 구분된다. 인신은 탁월한 인물인 장군이나 고승, 국왕과 같은 인물의 영혼을 신으로 모시는 것이다. 이같은 영웅신은 위대한 힘을 가진 영웅이거나 아니면 억울하게 죽어 원한에 찬 영웅의 두 가지 형태로 나타난다. 예를 들면, 위대한 힘을 가진 영웅은 왕신으로 단군, 조선 태조대왕이며, 원한에 찬 영웅은 왕신으로 공민왕과 단종대왕, 뒤주대왕 등을 꼽을 수 있다.

　　무당이 모시는 신도 인신 계통과 자연신 계통으로 나뉠 수 있다. 인신계통은 조상신 계통, 불교신 계통, 도교신 계통, 장군신 계통, 대감신 계통으로 나뉠 수 있고, 자연신 계통은 천신 계통, 산신 계통, 용신 계

인신과 자연신

인신 계통	조상신 계통	단군 신, 남편, 외조부, 어머니, 아버지, 언니, 3대 할머니와 할아버지, 명두(여동생, 조카), 조상님, 증조할아버지, 시아버지, 천상 동자, 고모, 누나
	불교신 계통	관세음보살, 부처님, 미륵불, 보현 보살, 아미타 보살, 약사 보살, 천수천왕 보살, 제석 할머니, 제석신
	도교신 계통	성관 도사, 산신 도사, 약사 도사
	장군신 계통	장군 신(사촌 형님, 오빠)
	대감신 계통	대신(외할머니)
자연신 계통	천신 계통	천봉 도사, 옥황선녀, 칠성, 칠성 산신, 천상 동자(죽은 아들), 후불 신령 칠성, 옥황, 일월성신, 천문지리 도사, 불사 대신
	산신 계통	칠성 산신, 산신령, 소신령, 육신령, 지리산 천황 할머니, 산신
	용신 계통	용왕, 용궁 선녀, 용왕 할아버지(외할아버지), 용신

통으로 나뉘었다. 각 계통별 신을 살펴보면 아래와 같다. 신관에 대한 분류는 김태곤의 한국무속연구를 참조해 작성하였다. 무속신에 관해 전국을 대상으로 조사한 연구에서의 결과는 22 계통에 273종인 것으로 소개되어 있으며, 여기에서는 일부만 소개하고 있다(김태곤, 1985).

위의 표에서 보이는 것처럼 강신무가 모시는 신은 인신 계통이 5계통(조상신, 불교신, 도교신, 장군신, 대감신) 29종 그리고 자연신 계통이 3계통(천신, 산신, 용신) 20종으로 모두 8계통 49종이다. 이들의 신의 계통이나 종류를 보면 조상신이 절대적이었는데, 조상신이 다른 신으로 하강하여 모시는 예도 있다. 예를 들면, 장군신이 사촌 형님이나 오빠인 경우가 있었고, 대신은 외할머니, 용왕은 외할아버지인 사례가 있었다. 이처럼 이들이 모시는 신들이 실제로 조상신의 다른 표현임을 알 수 있었다. 즉 모시는 신의 양상은 다양하지만, 계통은 혈연관계와 인척관계에 의한 조상신이 많이 나타났다. 아래는 해당 연구의 인터뷰 중 일부이다(임선진, 2010).

김 씨(35, 여)는 초등학교 5학년 때부터 귀신이 보였다. 유년 시절에 귀신 꿈을 많이 꾸었으며 자주 몸을 다쳤는데, 17세부터 무병을 앓기 시작했다. 신경성 장염, 관절경, 임파선에 혹이 생기는 등 무병이 시작되어 22세에 굿으로 친할머니와 친할아버지 신이 들어오게 되었다. 27세에 귀신을 보고 자신의 이모가 왔다고 믿었는데 이때부터 무업의 길로 들어설 것을 직감했다고 한다. 2007년에 무업 활동을 시작할 무렵 동자 신이 왔다고 한다. 현재는 외가와 친가의 할아버지와 할머니 신과 함께 동자신을 받아 무당으로 활동하고 있다.

이처럼 무병과 신 풍파는 주로 자신이나 가족 성원에게 다가온다. 병을 자주 앓게 되거나, 자주 다치거나 심지어 사망에 이르기도 한다. 무병이 와서 신내림을 받아야 하는데 깨닫지 못한 경우 자식에게 정신적 이상증세가 발병하기도 한다. 최광현 작가님은 이러한 무병이 무당의 강신무의 통과의례와 같은 것이며 무병으로 아픈 것은 신내림을 받으면 말끔히 낫는다고 한다. 실제로 최광현 작가님도 몸이 너무 아팠는데 신내림 받은 이후로는 괜찮아졌다고 한다.

보통 무당이 한 분의 신만 모시는 줄 아는 사람이 많아요. 예를 들어, 동자보살이라고 간판에 쓰여 있으면 동자보살만 모시는 줄 알거든요. 그러나 무당은 한 명의 신만 모시지 않습니다.

저는 인신 계통, 자연신 계통, 조상신 모두 모시고 있어요. 조상신은 조상이 있으니 당연히 있는 것이고, 나머지 신은 신내림을 어떤 신으로 받았는지에 따라 모시는 신의 종류가 달라집니다. 저에게는 동자신, 장군신, 조상신이 있습니다. 제가 모시는 조상신과 그 조상신을 돕는 동자신이나 선녀신이 함께 있어요. 동자신이나 선녀신은 조상신에게 제 기도를 전하거나, 신들의 메시지를 제게 전달하는 심부름꾼의 역할을 해요. 그리고 간혹 제게 자신의 공수를 전달하기도 합니다.

각각의 신은 각기 특색이 있으며, 늘 모시는 신당에 계신 것은 아닙니다. 어느 날은 육당 신령님이 계시다가 하늘로 올라가시면 그때는 소당 신령님이 계실 수도 있어요. 신은 왔다 갔다 하십니다. 제가 모시는 신은 육당 신령님, 소당 신령님, 중당 신령님 그리고 장군 신령님, 신장 신령님, 대감 신령님이 계십니다.

그리고 동자신과 선녀신도 계시죠.

어느 신이 제게 말하는가에 따라 말투가 달라지기도 합니다. 동자신처럼 귀엽게 말하기도 하고, 장군신이 들어와 호통을 치기도 하며, 할머니 신이 들어와서 노인네처럼 말하기도 해요. 이렇듯 다양한 신이 들어왔다 나갔다 하니 같이 사는 아내도 간혹 제 변덕에 당혹스러워할 때가 있습니다. 하지만, 직업의 특성이기도 하니 대부분 이해해줘요. 그런 아내와 아이들이 고맙지만 여러 명의 신이 왔다 갔다 하는 것은 쉽지 않은 일입니다.

신은 칠성신, 천신, 옥황상제님처럼 높은 신만 찾는다고 해서 좋은 것은 아니에요. 천신, 인신, 산신, 용신, 성왕신까지 다섯 개의 신이 있는데 잘 어우러져야 만사형통의 길을 갈 수 있어요. 뭐든지 균형이 중요한데 신의 세계도 마찬가지입니다. 그것이 또한 자연의 섭리 아니겠습니까?

에피소드_ 나의 신

이번 에피소드에서는 최광현 작가님이 모시는 신의 특성을 설명하고자 한다. 육당 신령님, 소당 신령님, 중당 신령님, 동자신, 선녀신 등이 있다. 신들은 각각의 역할이 있으며, 역할에 따라 성격이나 성향이 모두 다르다. 이 때문에 어느 신이 왔느냐에 따라 무당은 그 특성을 반영하게 되기도 한다. 꼭 신이 들리는 굿이나 기도를 하지 않더라고 그 신이 와 있는 경우에는 언행이 달라지기 마련이다. 이번 장에서는 간단하게만 소개하겠다.

소당 신령님인 할머니는 인자하시고 자애로우심이 기도 도중에도 자주 드러난다.

소당 신령님　　아이고~ 불쌍하다! 가엾고 애처롭다!
　　　　　　　　어떻게 살았니? 애 많이 썼구나!

육당 신령님은 아버지와 같은 말씀을 많이 하신다.

장군 신령님, 신장 신령님, 대감 신령님은 무섭고 냉철한 면이 있으시다. 근엄하고, 엄중하게 호령하시지만 자상한 부분도 있으시다.

장군 신령님　　아이고! 나를 그렇게 몰라줬더냐? 내가 벌어주기도

많이 벌어줬는데 어찌 나를 몰랐느냐?

중당 신령님은 산신이면서 도사 할아버지이다. 이분들은 무서우신 신령님으로 말씀도 잘 안 내려주신다. 한번 성나시면 세 번까지는 자애롭게 용서해주시는데 세 번이 지나면 제자에게 더 답을 내려주시지 않는다. 그래서 중당 신령님은 정성으로 모셔야 한다.

소당 신령님   열심히 해라! 더욱 열심히 해라!

동자신과 선녀신은 할머니, 할아버지 신령님의 심부름을 주로 하신다. 그러다가 간혹 직접 공수를 내려주시기도 한다. 또 신령님이 신당에 계시지 않을 때 동자신과 선녀신에게 할아버지, 할머니 모시고 오는 것 등 심부름을 해준다.

동자신   아빠! 아빠! 아빠! 할머니가 그러시는데요.
       저 집에 집을 잘못 지었대요.
보살님   동자야! 선녀야 ! 가서 신령님 모시고 오너라!
동자신   네! 알겠습니다.

마지막으로 어느 신령님을 모시고 왔는지 물으면 대답해주기도 한다. 무당이라고 모두 귀신을 보는 것이 아니기 때문에 신령님을 느낄 뿐이지 볼 수 없기 때문이다. 특히, 중당 신령님은 말씀이 없으시므로 알아차리기 힘들 때가 있다. 이럴 때마다 동자신과 선녀신이 도움을 준다. 무당은 신과 인간의 중간에서 매개 역할을 한다. 이렇게 도움 주는 동자신과 선녀신도 억양에 특징이 있다. 특히 선녀신은 곱고 예쁘게 얘기한다. 선녀신이 온 날이면 무당의 얼굴도 곱게 활짝 핀다.

보살님 누구 손길 붙잡고 왔냐?
동자신 나는 장군님 손 붙잡고 왔지!
보살님 그럼 장군님만 모시고 왔어?
동자신 아니요! 할머니도 같이 왔어요!

보살님 안녕하세요~
선녀신 안녕하세요~
보살님 선녀님이신가요?
선녀신 네! 저는 선녀예요.
보살님 어디에서 오신 선녀님이신가요?
선녀신 저는 천상에서 온 선녀예요!

이처럼 신들은 모두 특성이 다르고 성향이나 성격이 다르다. 무당의 또 다른 몫은 이렇게 성향이 다른 신들의 깐깐한 요구사항을 들어주는 것도 포함된다. 신마다 드시는 음식부터 다르니 어찌 그렇지 않겠는가? 내가 모시는 신이 대략 열 분 정도 되니 각각의 비위를 모두 맞추며 신당을 모신다고 생각하면 될 것이다.

004
신부리란 무엇인가?

신부리란 신의 뿌리를 일컫는 무속용어이다.

만신 부리와 조상 부리는 조상이나 가족, 친척 중

무당을 했던 사람의 혼을 가리킨다.

이러한 부리는 강신무에 보편적으로 나타난다.

신부리란 신의 뿌리를 일컫는 무속용어이다(김명자, 2002). 부리는 조상의 영혼이나 집안에 대대로 내려오는 신을 일컫는 것으로 해석하기도 한다. 무당은 앞서 설명한 것처럼 많은 신을 모시기 때문에 그들이 모시는 신을 만신이라고 표현하기도 하는 것이다. '만신 부리'나 '조상 부리'란 조상이나 가족 그리고 친척 중에 무당을 하다 숨진 사람의 혼을 가리키는 말로 사용된다(김명자, 2002). '무당 집에서 무당이 나온다'는 것도 조상 가운데 무당이나 그와 관련된 일을 한 적이 있는 경우에 그 '부리'를 받아서 된다는 것을 의미하는 말이다. 이런 의미에서 '부리'는 뿌리(根)에서 온 말로 볼 수 있다.

이러한 부리는 강신무와 세습무 중 강신무에 보편적으로 나타난다. 또한, 혈연이나 인척 관계로 이어지는데 조상 부리를 이어받는다는 측면에서 보면 이 역시 세습으로 볼 수 있겠다. 이런 이유로 최근에는 영적 세습이라고도 한다. 신부리는 아들, 딸, 손자, 조카, 형제 등 혈연관계로 이어지거나 혹은 가까운 인척 관계로 이어지는 경우도 있는데 대표적이 예가 시어머니에서 며느리로 이어지기도 한다. 반드시 무당이 아니어도 조상 가운데 역학을 한 사람이 있는 경우에도 부리가 작용할 수 있다. 이러한 신부리는 특정 지역의 사람에게만 해당되는 것이 아니다. 그럼에도 불구하고 신부리는 대체로 친가나 외가 쪽의 영향이 크면서 상대적으로 많은데 이는 곧 혈연관계 쪽이 우세하다는 것을 의미한다. 그중에서도 어머니 쪽의 영향이 우세한 것으로 나타났다. 신부리의 영향이 모계 쪽이 강하다는 것은 과거 남성 중심의 가부장 사회에서 종교와 관련된 일은 여성이 중심이 되었던 것을 추측해 보면 어느 정도 영향이 있다고 볼 수 있겠다.

신을 거부하면 가족 가운데 다른 사람이 받아야 하는 경우도 나타날 만큼 신부리는 후손에게 매우 강하게 작용한다. 종종 다른 종교로 대체하여 '종교인'으로 활동함으로써, 무당이 되지 않는 예도 있었는데 이는 드문 경우이다. 과거에는 이러한 부리의 세습을 피하기 위해 무당이 사용하던 물건을 불에 태우거나 땅에 묻는 등 없애 버렸다. 후손으로 무당의 대가 이어지는 것을 막기 위해서 그들이 사용하던 무구를 없애는 것이다. 그러나 오히려 예비 무당이 땅에 묻은 무구를 현몽으로 찾아내는 등 무업의 종결이 오히려 무업의 시작으로 변화하기도 한다. 무구를 찾아내면 새로운 무당이 탄생한다는 설이 있다.

무당의 무구

무구(巫具)는 무당이 굿을 할 때 사용하는 도구로 신, 칼, 작두, 방울, 부채 등의 도구와 장구, 자바라 따위의 악기를 의미한다. 즉, 무당이 굿하거나 점사를 보며 사용하는 각종 도구를 말한다. 제의 도구로서의 무구는 장구, 징, 제금 등의 무악기와 신칼, 작두 등의 도검류, 엽전, 산통 등의 무점구 및 방울, 지전, 부채, 오색기 등의 소도구가 있다. 무구 자료는 지역별로 나누어 종류와 형태를 살펴볼 수 있다.

<중부지역>

중부지역에서는 무가와 춤의 반주 악기 중 장구, 징, 제금 등의 타악기, 해금 등의 현악기, 피리와 젓대의 취주악기를 사용한다. 이 중 장구, 징, 제금은 무당이 소지하는 악기이고, 피리, 젓대, 해금은 무악 반주의 전문 악사인 잡이가 소지한다. 이들 무악기의 기능은 무가를 부르고 춤추기 위해 사용하는데 이때 가장 많이 쓰이는 기본 악기가 장구이다. 장구는 무속 신화를 부를 때는 한 면만 두드리기도 하고, 신들려 공수를 줄 때 치기도 한다.

도검류로는 언월도, 삼지창, 신칼, 작두가 있다. 언월도와 삼지창은 장군 굿거리나 신장거리를 할 때 신의 위엄을 상징하기 위해 무당이 손에 들고 춤을 춘다. 삼지창은 신에게 굿의 효험 여부를 판결하는 '사슬 세우기'를 할 때 돼지머리나 소머리를 찍어 거꾸로 세우는데 사용하며 작두는 무당의 신의 영검을 보이기 위하여 사용한다.

무점구로는 엽전과 점통, 점책, 점상이 있다. 점상은 쌀 3되 3홉을 상 한가운데 모아놓고 신수 볼 사람의 생, 시, 성명, 주소를 대며 축원한 다음 쌀 무더기 주위에 흩어진 쌀알의 수를 보고 점을 치는데 이것을 쌀점이라 한다. 엽전을 가지고도 점을 치는데 엽전을 흔들다가 점상 위에 던져 그 엽전이 포개지는 수를 보고 점을 친다. 쌀이나 엽전의 경우 둘씩 포개진 것을 빼낸 홀수가 맨 마지막에 떨어져야 좋다고 믿는다. 이 외에 방울과 부채가 있다. 방울은 무당이 신을 청할 때 흔들어 소리를 내는 강신용구이고, 부채는 부처 셋을 그린 삼불선(三佛扇), 칠성을 그린 칠성선(七星扇), 일월을 그린 일월선(日月扇) 등이 있다.

<영동지역>

영동지역의 무악기로는 장구, 징, 꽹과리, 제팔이가 있다. 영동지역도
무가와 춤의 반주로 장구가 주역이 되는데 이러한 무악기는 신장이라
고 해서 굿하러 가기 전이나 끝나고 돌아오면 무당은 악기 앞에 술 한
잔을 올린다. 장구는 중부지역보다 작은 편에 속하며 조립식으로 간편
하게 들고 이동할 수 있게 만들어졌다. 무점구로는 명두점에 사용하는
명두와 명두 바릿대가 있다. 영동지역은 명두를 명두 바릿대에서 뽑아
명두판 안쪽에 쌀이 붙은 것을 보고 점을 친다. 명두 바릿대를 쳐서 최
후로 남은 쌀알이 홀수이면 길하다. 이는 쌀을 점상에 놓는 중부지역
과 유사하다고 볼 수 있다.

도검류는 대신칼이 있는데 백지의 종이 술이 달린 모양이다. 굿이 시
작되며 부정굿에서 무당이 평상복에 두건을 하고 굿상 앞에 앉아 대신
칼을 들고 부정굿 무가를 구송하고 일어나 대신칼로 사방을 휘저어 부
정을 헤쳐내는 데 사용한다. 대신칼의 기능은 잡귀나 악신을 위협하고
무찌르는 무기의 성격을 지닌다. 이 외에 부채와 방울은 중부지역과
비슷하다.

<호남지역>

호남지역은 장구, 북, 징, 피리, 젓대, 해금, 가야금, 아쟁, 정주 등의 무
악기로 반주한다. 장구, 북, 징은 무당이 갖추는 기본 무악기이고, 피
리, 젓대, 해금, 가야금은 전문 무악사인 고인이 사용한다. 악기 또한
중부지역과 같으며, 가야금도 국악에서 사용하는 악기와 동일하다. 특
이한 것은 정주를 사용하는데, 이는 절에서 쓰는 경쇠와 같은 것으로

제석굿을 할 때 무당이 손에 들고 치며 무가를 부른다. 이 외에 신칼과 지전이 굿에 사용된다. 신칼은 굿을 할 때 무당이 손에 들고 하는데, 망인의 넋을 올릴 때 사용한다. 지전은 돈을 상징하는 것으로 백지에 여러 개의 구멍을 뚫어 만들어 무당이 춤출 때 손에 든다.

<영남지역>

영남지역은 무악의 반주악기로 장구, 징, 제팔이(제금), 꾕쇠(꽹과리), 피리, 젓대, 호적 등의 무악기와 놀이칼(신칼), 방울, 수징 등을 사용한다. 이 중 징과 제팔이는 중부지역과 형태가 같고, 꾕쇠는 영동지역과 비슷하다. 특히, 방울은 현재는 사용하지 않고 약 60여 년 전까지 사용되던 것으로 추정하고 있다. 약 60여 년 전까지 큰 굿에서는 해금, 가야금, 거문고 등 현악기를 사용했다고 한다.

<제주도>

제주도에서 굿에 사용하는 무악기는 장구, 북, 대영(징), 꾕쇠(꽹과리), 바랑이(제금), 요령, 설쇠가 있다. 제주도에서 사용하는 무악기는 타악기가 주류를 이룬다. 맹두는 놋 쇠칼에 종이 술이 달린 것으로 술을 잡고 두 개를 동시에 바닥에 눕혀 칼날이 앉는 위치를 보고 점을 치는 데 사용한다. 같은 방향으로 나란히 있는 모습이 길하다고 믿는다. 천문은 상잔과 함께 상판에 놓고 던져서 마찬가지로 떨어진 모습을 보고 점을 친다.

<이북지역>

이 외에 이북지역의 무구는 칼이 많은데 특히 잡귀를 풀어 먹이는 신장 칼이 있다. 자루는 나무이고 놋쇠로 만들며 돼지를 잡아 타살굿을 할 때 휘두르며 춤을 춘다. 장군 칼은 작두 거리에서 사용하며, 칠성검은 칠성굿을 할 때 사용한다. 이 외에 황해도에서는 광대라고 부르는 탈이 있어 대동굿이나 배연신굿을 할 때 무녀가 머리에 얹고 한다.

지금까지 살펴본 지역별 무구의 특징은 형태적인 면은 남부지역(제주도, 영남지역)의 무구가 중부나 북부 지역의 무구보다 현저하게 작다는 것이다. 장구나 제금도 남부의 것이 훨씬 작았다. 특히 중북부지역의 도검류는 언월도, 삼지창, 작두와 같이 크기가 컸지만, 남부지역은 신칼이나 맹두가 있을 뿐이었다. 무악기는 중북부는 타악기가 주종을 이루었으나 호남지역은 타악기 외에 관악기와 현악기가 고루 쓰였다. 특히 제주도의 무구는 다른 지역에 비해 독특한 면이 있다. 이것은 중북부 지역이 신의 영력이 있는 강신무가 주류를 이루어 신의 위엄을 표현하기 위한 도검류가 필요하고, 남부지역의 세습무는 신의 영력이 없어 춤과 무악이 완만한 것도 이유일 것이다.

무당의 몸주 신령님은 내가 모시는 신령님 중에 대표하는 주장
신을 의미합니다. 저는 불사대신 할머니 신을 모시고 있어요. 몸
주 신령님은 저를 살려주시고 도와주시고 밀어주시는 분으로
한번 신내림을 받으면 거의 평생 함께합니다. 몸주 신령님이 할
머니가 오시면 제자(무당)가 제자 길을 가기가 수월하고, 도사
할아버지가 오시면 도인의 경지까지 올라야만 무난하게 제자
(무당)의 길을 갈 수 있고, 육당 신령님이 오시면 편안하게 불려
갈 수 있습니다. 이처럼 몸주 신령이 누구냐에 따라 무당의 삶
이 조금씩 달라집니다.

무당은 이처럼 주장 신을 잘 찾아놓으면 내 길을 편안하게 갈
수 있어요. 그러나 간혹 제자가 잘못하거나 부정이 들면 몸주
신령님이 하늘나라(천상 세계)로 올라가는 경우가 있습니다. 그
러면 제자가 고생하죠. 주장 신이 있어야 원활하게 천상계와 인
간계를 연결할 수 있는데 주장 신이 안 계시면 모든 것이 꼬이
는 것입니다.

저는 천존 불사 할머니를 몸주 신령님으로 모시고 있습니다. 이

럼듯 무당마다 주장 신이 있지만, 굿할 때는 무당이 접신하는 신령님에 따라 신령님 의대를 바꿔 입습니다. 예를 들어, 불사 할머니 의대를 입고 굿거리를 하면 불사 할머니와 접신하는 것입니다.

열두 가지 의대를 입을 때마다 각 신령님이 성향에 따라 내려주시는 점사가 다른 것이 당연하다. 그래서 신당에 있는 모든 물건은 물건이라고 보면 안 된다. 물건을 신령님이라고 보고 존대로 표현한다. '이분은 어디에 모실까요?'라고 표현하며 절대 타넘어가서는 안 된다. 어른이 누워계신 것과 같다고 보면 된다.

열두거리 의상

에피소드_ 신내림 회피

 나의 외갓집에 무당이셨던 분이 많았다고 들었다. 어렸을 때는 자세한 이야기는 들을 수 없었는데, 무당이 되고 나서 어머님이 말씀해주셨다. 내 외증조할머니가 신병을 앓으셨다고 한다. 어느 점집에 가서 물어도 신내림을 받아야 한다고 하니 외증조할아버지가 마음이 어땠겠는가? 지금도 무당에 대한 인식이 좋지 않지만, 그때는 거의 조선시대 이후였는데 훨씬 심했을 때다.

 그래서 외증조할아버지가 다른 점집에 가서 다시 물어보았다(이하 대사에서는 할아버지로 기재).

할아버지　　제 부인이 신병이 온 거 같다는데 어떻게 신내림만 피할 방법이 없겠소?

무　　당　　신내림을 어떻게 피할 수 있겠습니까? 받아들여야지!

할아버지　　제가 죽어도 좋으니 방법만 말씀해주시면 그대로 행하겠소. 어떤 방법이든 괜찮으니 일러주시오.

무　　당　　방법이 하나 있긴 한데….

할아버지　　무엇이든 괜찮으니 일러주시오!

무　　당　　당신이 몸에 돌을 매달고 물에 빠지면 부인이 무당이 되지 않을 것이요!

할아버지	뭐라 하시었소?
무 당	당신이 몸에 돌을 매달고 물에 빠지면 부인이 무당이 되지 않긴 하는데 그렇게까지 하셔야겠습니까?
할아버지	…….

결국에는 외증조할아버지가 몸에 돌을 매달고 물에 빠져 돌아가셨다. 그러니 집안이 어떻게 됐겠는가? 그런데도 외증조할머니는 결국엔 무당이 되셨다. 돌아가신 분만 억울하지! 신이 온다는 것은 다른 사람이 죽거나 한다고 해서 다시 돌아가지 않는다.

무당이 되고 나서도 종종 듣는 질문은 '어떻게 신내림만 피할 수 없겠느냐?'란 것이다. 피할 수 있으면 난 안 피했겠나? 방법이 있다면 나도 알고 싶다. 이제 와서 가만히 생각해보면 외가 쪽은 어르신들이 50세 이전에 거의 돌아가셨다. 어머니도 계속 신병을 앓으셨는데 신내림을 끝까지 받지 않으셨다. 그렇게 지내시다가 내가 신내림 받고 난 이후로 병이 조금 편안해지셨는데 그것도 오래가지 못했다.

신은 절대로 피할 수 없는 길이다. 피한다고 피해지지도 않거니와 그것이 본인뿐 아니라 주변인까지 힘들게 하는 결과를 낳을 수 있다. 뭐든 판단할 때는 신중하고 가장 현명한 방법을 취하는 것이 옳다고 생각한다. 이것이 또 어쩌면 신들이 내게 원하는 길일 수도 있겠다. 신의 일은 신만이 아는 것이니까 말이다.

PART 3

무당으로 살다

남·여 무의 공통성과 차이

한국 사회의 높은 성차별은 무당 사회에도 영향을 미쳤다.

여성은 경제적 자립이 가능해 만족했지만

남성은 무당의 사회적인 지지가 낮아

만족도가 여성에 비해 상대적으로 낮았다.

무당도 직업으로 인정되어야 한다.

한국은 OECD 선진국과 비교해 사회에 현저한 성차별이 존재하는 국가 중 하나이다. 성차별(sex discrimination)이란, 한 성이 다른 성을 차별적으로 다루는 관행을 의미한다. 이는 대부분 사회에서 여성보다는 남성을 선호하는 차별로서 나타난 용어이다. 특히, 한국처럼 가부장적 관계를 특징짓는 사회에서, 여성은 모든 사회생활의 영역에서 체계적, 일상적인 차별을 당한다. 이런 의미에서 성차별은 인종차별과 비슷하다고 할 수 있겠다.

한국은 OECD 국가 중 선진국과 비교해 10% 포인트 이상 낮은 여성 경제 참여율을 나타내고 있다. 2019년 통계청 조사에 따르면, 경제활동 중인 여성 3분의 1 정도가 성차별을 경험했다고 지적했다. 이는 한국 사회에서 경제활동뿐 아니라, OECD 국가 중 남성의 가사노동 시간이 가장 낮은 나라로 선정되는 등 다양한 항목에서 여성과 남성의 성차별이 전반에 영향을 미친다는 것을 알 수 있다.

이것은 무릇 직장이나 가정에만 영향을 미치는 것이 아니다. 무속인 사회에서도 여성과 남성의 성차별에 따른 인식이 영향을 미친다. 예를 들면, 남성 무당은 한국 남성에게 부여된 사회 지위나 명예 등을 고려하여 사회의 부정적인 인식이 있는 무당과 일반인 사이를 방황한다. 일월성신 최광현 작가도 무당이 되기 꺼려졌던 가장 큰 이유로 무당에 대한 사회 인식을 꼽았다. 이러한 남성 무당의 낮은 사회 인식에 관한 연구는 무당을 직접 인터뷰한 내용을 바탕으로 작성한 질적연구

논문에도 쓰여있다(임선진, 2010). 해당 연구 내용 중 일부를 기재하면 다음과 같다.

남성 무당 중 일부는 자신의 직업을 무당이 아닌 사주를 공부했다고 소개하고 굿은 하지 않고 점사(사주)만 봐주는 것으로 활동하고 있다고 답했다. 또한, 남성 무당 중 일부는 무당이 국가에서 인정하는 공식 예술가로 승격돼야 한다는 의견을 강하게 언급했다. 이는 '문화재 되기'를 통해 천한 일을 하는 세습무의 신분이 아닌 전통문화를 계승하는 예술인으로서 명예롭게 공식화되기를 바라는 마음이었다.

한편 무당으로 활동하면서 직업적인 만족도에 관한 질문에 여성 무당은 무속인으로 경제적 자립이 가능해 자녀의 교육 등 현실적인 면에서 긍정적이었다는 답이 많았다. 반면, 남성 무당은 한국 사회에서 가장(남성)에게 부여된 사회적 지위나 명예에 관한 기대치를 언급하며 무당에 대한 낮은 사회 인식에 관해 부정적인 의견이 강했다. 이는 앞서 언급한 '사주를 공부한 사람'이거나 '국악을 공부하는 예술가' 등으로 표현하는 사례를 보아도 알 수 있다.

이처럼 처음에는 무속인이 되는 것을 꺼렸지만, 신내림을 받고 나서 대부분 자신의 직업으로 무당을 인정했다. 그러나 무당의 사회 인식에 관한 문제는 자신이 인정하든 하지 않든 영향을 미치지 않았다. 아직도 무당이 사회계층 구조에서 하위 계층에 속한다는 일반인의 고정관념이 일부 존재하기 때문이다. 이런 사회 전반의 고정관념을 개선

하기 위해 김금화 선생이나 박찬경 감독 등 다수의 사람이 노력했으나 아직 시간이 더 필요해 보인다. 해외에서는 '굿'을 고급스러운 전통문화로 인식하는 경향이 강하다. 김금화 선생이 수많은 해외 공연하러 다닌 이유 또한 그것이다.

세월호 참사 사건 당시 수많은 사람이 가슴 아파했다. 그러나 300 여 명의 영혼을 달래는 일은 살아있는 우리의 몫이 아니었다. 김금화 선생의 진혼굿을 보며 한참이나 지난 사건인데도 가슴이 아팠다. 죽은 영혼을 달래는 일은 신과 인간의 경계에 사는 종교인의 몫이다. 당시에 우리는 분명 일부는 무당에게 힘을 빌려 의지했다.

무당과 영의 세계를 무작정 믿으라는 의미가 아니다. 영의 세계는 살아있는 인간의 한계로는 범접할 수 없을지 모르겠다. 다만, 영의 세계를 이어받은 무당의 인생은 있는 그대로 인정할 필요가 있다. 같은 하늘 아래 사는 인간이지만, 어떤 사람은 하느님의 부르심을 받아 살고, 어떤 사람은 부처님의 부르심을 받아 살아간다. 그리고 어떤 사람은 조상신의 부르심을 받아 살아가는 것이다. 그렇게 또 하나의 종교로의 인정이 필요하다. 해외에서 고급공연으로 인정받는 굿의 문화, 무당의 문화를 계속해서 배척한다면 김금화 선생의 제자처럼 한국에서는 사라지고 독일에서 인정받아 거꾸로 우리의 문화를 독일에 가서 배워와야 하는 날이 올 수도 있다. 우리나라의 전통문화인 무속에 관한 당신의 생각은 어떠한지 고민해 보자.

무당이라는 직업이
자신의 생활에 어떤 영향을 미치나요?

무당은 신을 모시는 종교인입니다. 다른 종교인처럼 우리도 절제된 생활을 해야 합니다. 일반인은 자고 싶을 때 자고, 먹고 싶을 때 먹잖아요. 그런데 무당은 그렇게 할 수 없습니다. 예를 들어, 소당 신령님(하늘의 신으로 천신, 자연신 등이 있음)이 오시면 비리고 누린 걸 먹을 수 없어요. 그러니까, 소당 신령님이 신당에 계시는 동안은 생선이나 고기를 못 먹는 시기인 거죠. 그리고 장군 신령님이 오시면 술과 고기를 너무 많이 먹게 돼요. 무당에게 신이 계시는 동안의 변화는 건강을 해치지는 않습니다. 그냥 신의 특성이 제게 부합되는 거죠. 건강을 해치지는 않지만, 이 또한 내 의지는 아닌 거예요.

이뿐만 아니라 부부관계 또한 절제하며 살아야 합니다. 모시는 신에 따라 다르지만, 대부분의 신은 무당이 가정을 꾸리는 것에 반대합니다. 이것은 무릇 무당에게만 해당하는 것은 아니죠. 다른 종교인 중에서도 가정을 인정하는 종교가 있고 성생활을 자제하는 것도 수련의 일부로 생각하는 종교도 있죠. 신은 무당이 중생구제의 역할에 충실하길 원해요. 그래서 가정을 꾸리고 그쪽에 신경 쓰는 것을 선호하지 않습니다. 이것 또한 무당의 삶이기도 하죠.

부모님이 돌아가시면 장례식에서 염하는 과정을 보지 못합니다. 무당이 시신을 내려다보면 그 사람은 10배 무거운 짐을 지고 저승에 간다는 말이 있어요. 어떤 자식이 부모가 그렇게 저승에 가길 원하겠습니까? 그래서 가시는 길 편하시라고 염하는 과정을 보지 못했어요. 그래서 무당이 죄인이라고 늘 부모님을 위해 기도해요.

그리고 간혹 부부 싸움을 한다든지 하면 신당을 시끄럽게 한 벌을 받기도 합니다. 부부 싸움하고 다음 날 일어나면 간혹 아내의 다리에 멍 자국이 한두 개가 아닌 날이 있어요. 그 뒤로는 되도록 부부 싸움을 하지 않으려고 노력하지만, 사람이 살다 보면 어떻게 매번 평탄하게 살겠습니까? 이런 점이 가장 힘든 부분이기도 합니다.

우리가 '손 없는 날'이라고 부르는 그믐에는 신령님들이 하늘로 올라가십니다. 그런 날은 평소 하고 싶었던 일을 합니다. 먹고 싶었던 음식도 먹고, 푹 자기도 하고, 가족과 따뜻한 시간을 보내죠. 하지만 이런 일은 종교인으로서 겪어야 할 당연한 일이라고 생각해요. 제 몫이죠.

에피소드_ 무당의 기도

무당이 산에 올라가서 기도드린다고 하면 어두운 밤에 초를 켜고 앉아 귀신보고 오는 줄 아는 사람이 있다. 그래서 무당이라면 무서워하거나 식겁하는 이도 있다. 그래서 기도에 관해 이야기하고 싶었다.

무당이 기도하는 가장 큰 이유는 자신의 영을 맑게 하기 위함이다. 영이 맑아야 신과 원활한 소통이 가능하다. 앞서 이야기한 영통하는 것이 이것이다. 영이 맑아야 신도의 점사를 잘 봐줄 수 있고, 신께 올리는 기도가 잘 닿을 수 있다. 두 번째 이유는 신도의 집안에 복을 올리기 위한 것이다. 이는 신도들의 삶에 근심·걱정을 없애고 복을 가져다주기 위한 과정이다. 그래서 복을 불러오는 쌀과 과일, 사탕 등 각종 재물을 바치고 기도 올리는 것이다.

이 두 가지 형태의 기도는 말 그대로 목적이 달라 각각 올리는 것이 보통이다. 다시 말하면, 무당의 영을 맑게 하기 위한 기도와 신도의 집안에 복을 올리는 기도는 한꺼번에 할 수 없다는 것이다. 각각 기도를 올려야 한다. 이 또한 모든 종교에서도 마찬가지일 것이다.

그래서 무당은 영을 맑게 하고 기도를 하늘에 계신 신께 더 잘 올리기 위해서 높은 산에 영기가 좋은 장소를 찾아 기도하러 다닌다. 기도 올리는 과정에서 겪은 에피소드 하나를 소개하고자 한다.

어느 날은 기도드리기 위해 계룡산으로 올라갔다. 보통 산에 올라가서 드리는 기도는 하루에 끝나지 않는다. 올라가서 상을 차리는 데만 반나절이 걸리니 하루 만에 올라갔다 기도하고 내려오기에는 시간이 턱없이 부족하다. 그때는 계룡산 칠성봉에서 천신 기도, 축시 기도, 인시 기도, 묘시 기도까지 거의 밤새워 기도하기를 7일 정도 했다.

보살님   신령님! 영통하게 해주세요! 신통하게 해주세요!

신령님! 소첩문, 대첩문 열어주세요~

신령님! 영통하게 해주세요! 신통하게 해주세요!

신령님! 천신문, 용신문, 산신문, 지신문 열어주시옵소서.

묘시가 넘어갈 즈음 나의 기도문이 하늘에 닿고 땅에 닿는 느낌을

야외 기도당

받았다. 그런 느낌이 무엇이냐고 묻는다면 언어로 표현하기는 힘들다. 이것이 무(巫)의 세계에서 말하는 영통하는 과정이기도 하다.

그때 갑자기 무서울 정도의 돌풍과 강풍이 불었다. 자연에서 부는 바람과는 전혀 다른 바람이었다. 머리끝이 뾰쪽하게 서는 소름 끼치는 바람이다. 똑바로 서 있기 힘들 정도의 강풍이 불어 눈을 뜨기 힘들었다. 바람을 막기 위해 팔을 들어 얼굴을 가리고 눈을 가까스로 떴다.

보살님　으으으!

간신히 눈을 뜨자 팔선녀가 앞에 보였다. 백두산에서 왔다고 말한 팔선녀는 금방 사라졌다. 또 한번은 이북에서 왔다는 할머니 신을 뵈었다. 그렇게 기도 중에 보이는 신은 그냥 바라보면서 온화한 미소를 지어주기도 하시고, 복을 내려주시기도 한다. 당시 계룡산에서의 기도는 7일 동안 이러한 과정을 두 번이나 겪었다. 무당도 흔히 할 수 없는 이런 경험 때문에 계룡산에서 했던 기도는 기억에 많이 남는다.

이런 산 기도 외에도 신당에서 하는 기도도 정성을 들이면 신기한 신호를 보내주시기도 한다. 올겨울에 영하의 날씨에도 정성으로 기도했더니 정수 그릇에 얼음이 위로 올라 얼어 있었다. 기도에 늘 신비한 경험을 하는 것은 아니지만 종종 답을 주신다. 이런 것을 경험하고 나면 또 다음으로 나아갈 힘을 얻는다. 이것이 무당으로의 삶의 성취감 중 하나이기도 하다.

얼음이 위로 언 정수 그릇

002
무당의 사회문화적 배경

무당에 관한 사회문화적 배경은

자료가 부족해 연구가 더 필요하다.

과거에는 학력이 낮고 가난함이 공통적이었으나,

그도 그럴 것이 무당은 조선시대에 천민이었고

일제시대에 박해 받았다.

새로운 자료는 경천신명회를 통해

연구가 가능해지길 희망한다.

무당의 사회 정체성 형성에 사회문화적 배경의 영향도 있었을 거라 판단된다. 임선진(2010)의 연구에서 19명의 광주지역 무당을 인터뷰한 결과, 어린 시절의 가난은 공통적이었으며, 대체적으로 학력이 낮았으며, 6명이 이혼했고, 2명이 재혼을 경험했다. 그러나 이것은 지방(광주) 한 지역의 조사였고, 대부분이 40세가 넘는 고연령의 무당이었다. 한 연구를 모든 연구로 확대하기 어렵다는 한계가 있다. 그럼에도 불구하고 우리가 주변에서 경험한 무당조직의 전반적인 사회문화적 배경은 좋은 편은 아니라는 것은 사실이다.

특히 무병에서도 살펴본 것처럼 한 사람만 신병이 있는 것이 아니라 가족이 돌아가며 아프거나 사고 당하는 등의 일을 겪는 경우가 많았다. 위의 연구에서 언급한 것처럼 무당의 사회문화적 배경에서 가난이 공통이었다면 이는 가족의 병환과도 연관이 있을 것으로 보인다. 가난은 낮은 학력으로 이어지고 이것은 제한적인 직업 선택으로 가난의 연속으로 이어졌을 수 있다. 최광현 작가님이 계속해서 강조하는 것은 신병이 오면 더 큰 일을 겪기 전에 받아들이라는 조언이었다.

최광현 작가님은 최종학력 석사이고 경제적으로도 부유한 삶을 살고 있었다. 이는 한 지역의 조직으로 전체 조직을 평가하는 누를 범하지 않기를 바라는 마음에 강조한다. 최근 젊은 무당들이 방송에 나오고 있으며 경천신명회가 2019년도에 민족종교로 인정받아 제자(무당) 회원을 모집하고 있기 때문에 시간이 흐른 뒤에 전국 무당의 데이터를 알게 될 것이다.

그럼에도 불구하고 19명 중 8명의 이혼은 비율이 매우 높다. 무당은 직업임에 틀림없지만 다른 직업과 분명 다른 양상을 지니고 있다. 먼저, 배우자의 신을 긍정적으로 받아들인 사례의 인터뷰를 살펴보자.

류 씨(43, 남)는 전남 고흥 출신으로 2남 2녀 중 막내로 태어났다. 그의 아버지는 농촌지도소에서 일했고, 어머니는 농사를 지었으나 그가 6학년 때 광주로 이사했다. 그는 고등학교 시절부터 예지능력이 생겼는데, 대학교 때도 마찬가지였다. 그러다 서울로 올라와서 내림굿을 받고 무당을 시작했다. 그러다 결혼하고 싶어 광주로 내려왔는데 작은 누나가 지금의 아내를 소개했다. 그는 두 번째 만남에 아내를 신당에 데려와 자신의 직업을 알렸다. 그들은 바로 결혼했으며, 아내는 그의 무업을 거부하지 않고 이해하며 밥과 나물, 떡을 해서 올리는 일도 잘해준다고 했다. 현재는 두 아들을 두고 있으며, 굿은 하지 않고 점사만 봐준다고 했다.

이번에는 최광현 작가님 아내의 인터뷰를 넣었다. 아들과 함께 행복한 삶을 살고 있지만 녹록치 않은 무당의 삶을 엿볼 수 있다. 작가님의 배우자는 이런 점을 이해하고 살지만 일반인이 받아들이기에 어려운 부분이 분명히 있을 거라고 판단되기 때문이다.

보살님이 모시는 신령님은 한 분이 아니예요. 그러다 보니 어느 신이 오셨는지에 따라 먹는 음식이 제한되거나 하는 것도 있지만 일단 성격이 달라져요. 장군 신령님이 와 계시면 소리 지르거나 화내는 일이 있어요. 그럴 때면 깜짝 놀라지만 전 괜찮아요. 이제는 적응이 되었고, 이 사람의 진심을 알기 때문에 이해하는 편이에요. 원래 성격도 말을 많이 하는 편은 아니라서요.

　　이처럼 강신무의 경우 신과 제자(무당)가 한 몸이 되는 시점이 있는데, 이것은 기도하는 때만 그런 것은 아니다. 그렇기 때문에 평소에 이야기할 때도 동자신이 온 경우 사탕을 찾는다든지 귀엽게 이야기하는 등의 특성이 나타난다. 무당이 모시는 신이 상당히 여러 명이기 때문에 다양한 신들의 특성이 한 사람에게 나타나는 것이다. 또한, 에피소드에도 소개했듯이 무당은 어떤 신이 오셨는지에 따라 먹는 음식과 자는 시간 등이 달라진다. 이런 일상생활의 변화를 배우자가 수긍해야만 결혼생활 유지가 가능한 것이다. 결혼생활을 유지하는 부부의 인터뷰에서 일반인과 다른 이런 점을 배우자가 수긍해 준다는 내용이 대부분 포함되어 있었다.

무당도 다른 직업과 마찬가지예요. 보통의 회사에 입사하면 수습 기간을 거치며 일을 배우죠. 그리고서 일하면서 경력을 쌓고 경력에 따라 승진도 하고 업무능력도 발달하게 됩니다. 무당도 마찬가지 아니겠어요? 신기가 아무리 강한들 사람을 대하는 일일진대 어떻게 처음부터 잘할 수 있겠습니까? 무당도 단골이 늘어야 자리를 잡을 수 있지 않겠어요? 신기가 영하고 신도를 위해 기도를 열심히 하는 무당은 신도가 점점 늘어납니다. 이는 모두 시간을 필요로 하는 작업입니다.

예전에는 신을 받으면 신어머니 집에서 3년 동안은 시집살이를 했어요. 신어머니 법당에 옥수를 갈고, 신발을 닦으며, 밥을 짓는 등 허드렛일을 하며 어깨너머로 무당 일을 배웠죠. 지금은 그렇게 하지는 않아요. 예전처럼 신어머니한테 두들겨 맞으면서 일 배우라면 누가 배우겠어요? 최근에는 책만 봐서도 어느 정도는 할 수 있을 정도로 좋은 책이 많이 나와 있어요. 유튜브에도 자료가 많고요. 그러나 이렇게 배우면 뼛속까지 신을 배울 수는 없습니다. 신은 책으로 배우기 힘든 또 다른 세계거든요.

이 직업은 영통하는 그 순간이 언제 오느냐가 관건입니다. 영과 통해야지만 무속인의 일을 행할 수 있는데 이것이 개인차가 너무 커서 뭐라고 말하기가 어렵네요. 영통해야 신이 하는 말이 들리고 신도가 하는 소원을 신께 올릴 수 있는데 그것을 못 하는데 점사를 보고 굿을 할 수 있겠어요?

그러므로 평균적인 안정이 어느 정도인지에 관해 말하기 어렵습니다. 다만 일찍 영통한 무당을 보면 대체로 처음부터 '점사를 잘 본다', '굿을 잘한다' 이런 이야기를 들으며 경제적인 어려움 없이 적응하는 것으로 알고 있습니다.

003

점집에 관해 궁금한 점

무당은 우리 주변에 늘 있어왔지만

대중에게 낯선 존재이기도 하다.

최광현 작가님의 인터뷰로

일반인이 점집에 관해

궁금할 만한 점을 풀어 보았다.

— '중이 제 머리 못 깎는다'라는 말은 괜히 있는 것이 아닙니다. 무당은 자신의 미래는 점칠 수 없습니다. 그러나 가족에 관한 내용은 종종 느낄 수 있어요. 단지 그 정도뿐입니다. 나의 미래는 내가 알 수 없죠. 미래가 어떻게 될지는 신만이 알지 않겠어요? 다만, 나는 신을 위해 오늘도 일할 뿐입니다. 열심히 기도한다면 저는 신들이 지켜줄 것입니다.

— 그런 일이 없기를 누구보다 바라는 마음입니다. 제게는 아직 어린 아들도 있어요. 이런 이유 때문에라도 열심히 기도합니다. 이렇게까지 열심히 기도한 만큼 내 자손은 자유롭게 살았으면 하는 마음이에요. 신줄의 대물림은 개인별로 다 달라요. 어떤 집은 어머니가 무속인을 하는데도 신내림 받는 자손이 있고, 작은엄마가 무속인을 하는데 다른 가족이 내림굿을 받는 예도 있어요. 신의 내림은 어디로 간다고 정확하게 말하기 어렵습니다. 상황에 따라 개인에 따라 모두 다르다고 보시면 돼요.

— 터가 센 곳은 일반인이 살기 힘들어요. 터가 세면 오한도 들고, 부부간의 다툼도 생기고, 금전도 들어오지 않는 등 여러 가지 나쁜 일이 생길 수 있습니다. 그러니 일반인이 살기 힘들지 않겠어요?

그뿐만 아니라 무당집 근처의 터도 영향을 받습니다. 그래서 무당이 터가 센 곳에 기거하며 터를 달래주고 기도하는 것이죠. 이 또한 무당이 해야 할 일 중 하나라고 생각합니다.

Q. 무당도 귀신을 무서워하나요?

— 무당이라고 모두 귀신을 보는 것은 아닙니다. 앞서 이야기한 것처럼 신내림을 받아도 굿을 하지 않고 점사만 보는 무당도 있다고 말씀드렸어요. 그리고 신내림을 받았다 해도 모두 귀신을 보는 것은 아닙니다. 저 또한 귀신이 보이지는 않아요. 저는 귀신을 영감으로 느끼고 필름처럼 스쳐 지나가는 형상으로 보입니다. 그것을 보고 점사를 보는 거죠. 영감으로 느끼긴 하나 귀신처럼 보이지는 않습니다. 보이지 않으니 무서워할 이유도 없지 않을까요?

Q. 초는 왜 태우나요?

— 무속인 사회에서는 초를 태우는 것은 '초를 밝힌다'고 합니다. 이유는 인간사 나쁜 것은 모두 태워버리고 좋은 것은 밝혀주라는 의미입니다. 그래서 초를 켜고 기도를 올리면 나쁜 것은 없어지고 기도를 올리는 좋은 것을 밝히기 때문에 소원성취가 이루어진다고 합니다. 이 때문에 점집에서는 늘 초를 켜 둡니다. 인간사는 늘 나쁜 일과 좋은 일이 섞여 있죠. 어떻게 보면 이것이 인생 아니겠습니까? 모든 나쁜 것을 피할 수는 없지만 나쁜 것을 최소화하고 좋은 것을 최대화하고자 하는 필수적인 행위 중 하나가 초를 켜는

것이라고 보면 되겠습니다.

— 이 외에 무당과 관련된 다른 물건이 어떤 의미를 지니는지 알아보
면 다음과 같습니다.

· 향 : 참회와 업장 소멸을 위해서 태운다.

· 차 : 부처님께 차 공양을 올리는 것으로 마음을 안정시킨다.

· 꽃 공양 : 장엄 성취(큰 뜻을 이룰 수 있다)

· 과일 : 안과태평을 위해서 올린다. 모든 것을 편안하게 한다.

· 떡 : 원만 성취(원만하게 모든 것을 이룰 수 있다)

Q. 재단 앞에 쌀을 쌓아놓는 이유는?

— 쌀은 재복을 불러주는 공양입니다. 예로부터 오복을 불러들이기
위해서 재단에 곡식을 올려두었습니다. 과거에는 굿값을 현금이
아닌 현물로 받았는데, 이런 풍습에 영향을 받았죠. 점집을 찾는
많은 사람이 재물에 대한 걱정은 안고 옵니다. 사람이 살아가는데
재물이 다는 아니지만 어느 정도 있어야 원만한 생이 가능한 것도
사실이지요. 이런 다양한 이유로 재단 앞에 쌀을 쌓아두는데 저는
되도록이면 신당 앞에 그득히 쌓아놓으려고 노력합니다.

Q. 굿이나 기도하는 행위는 의뢰인에게 어떤 이점을 주나요?

— 굿이나 기도는 그 집안의 조상신을 달래는 과정입니다. 그 과정에
서 자손에게 일어날 좋지 않은 일에 관해 액운을 쳐줍니다. 무당
이라고 해서 나쁜 일을 완전히 없앨 수는 없습니다. 다만, 10만큼

안 좋은 일이 일어날 수 있다면 액운을 쳐서 3-4 정도의 좋지 않은 일로 낮추는 것입니다. 보통 안 좋은 일이 일어났을 때 그 일이 좋지 않지만 그나마 극복이 가능한 경우에 '액땜했다'고 생각하잖아요. 그런 의미가 바로 무당이 하는 굿이나 기도하는 행위의 작은 의미라고 보시면 됩니다. 자손들의 극락왕생을 위한 과정이 굿이나 기도하는 일의 목적인 것이죠.

다른 하나는 굿하면서 다양한 신과 접신하며 미래를 조언할 수 있습니다. 굿을 하면 보통 외가 쪽과 친가 쪽 조상신이 모두 모인다고 보면 됩니다. 그 집안에 억울하게 돌아가신 조상부터 편안한 조상까지 오시니 후손을 위한 말씀을 전해주실 수 있겠죠. 그래서 굿을 하면 집안이 조용해진다고 말하며 과거에 부자 양반집에서 주기적으로 굿을 한 이유가 바로 집안의 평화를 위한 것입니다.

Q. 점집에서 뽑는 오방기는 색상별로 어떤 의미가 있나요?

— 파란색(동쪽), 흰색(서쪽), 빨간색(남쪽), 연두색이나 흑색(북쪽), 노란색(중앙)을 나타냅니다. 그러나 이런 오방기 색상의 의미는 무당에 따라 다르게 사용합니다. 점집 앞에 꽂힌 깃발의 색상처럼 모든 무당이 오방기의 색상에 관해 정해놓고 사용하지는 않거든요. 방문하신 무당에게 색상의 의미를 물어보시는 것이 좋겠습니다.

Q. 요즘 무당에게 속았다며 사기로 고소하는 사건을 종종 뉴스에서 볼 수 있는데요. 어떤 걸 주의하면 될까요?

— 최근 유튜브가 대중화되면서 점집도 유튜브를 통해 검색하고 찾아오는 손님이 많아요. 물론, 이런 이유로 저도 유튜브 채널을 가지고 있지만, 어떤 이들은 이것을 활용하는 수준을 넘어서 악용하기도 합니다. 말씀드리고 싶은 것은 첫째, 너무 자극적인 내용만 올리는 무당은 피하라. 누가 죽다 살아났다든지, 일확천금을 얻었다든지 하는 등의 이야기만 올리는 무당은 사기일 확률이 높습니다. 둘째, 고가의 굿값을 요구하는 무당은 피하라. 굿상을 보시면 아시겠지만, 원가만 따져도 많은 비용이 들어갑니다. 탑처럼 쌓아 올린 과일이며, 전, 사탕 등이 있고, 그것을 구입해서 산까지 가져가서 세팅하는 이모님의 인건비가 있죠. 거기다 함께 일하는 무당들의 인건비 등 원가만 따져도 몇백만 원이 나오죠. 이런 굿은 상차림부터 준비과정이 돈도 돈이지만 시간과 정성을 필요로 하는 작업입니다. 그러나 이런 굿 값이 몇천만 원을 호가한다면 다시 생각해 보시라고 말씀드리고 싶습니다. 물론 영을 다루는 일입니다. 그러나 내가 본전 생각이 안 나려면 어떤 효과가 발생해야 하는가에 관한 고민을 먼저 하고 결정하심이 좋을 것 같습니다.

Q. 출산 후 삼칠일을 지켜야 하나요?

— 미신이라는 사람도 있습니다. 그러나 아주 사소한 것을 지키지 않아 돌이킬 수 없는 큰 사고가 닥치는 경우가 있어요. 출산은 한 생명의 탄생으로 부모나 자녀나 모두 인생의 큰 변화입니다. 과거에는 대문에 금줄을 쳐서 출산 후 집안에 들어오는 액운을 막았습니

다. 금줄이 보이지 않는 좋지 않은 기운(잡귀)이 집 안으로 들어가는 것을 막아준다고 무당으로서 확실히 말할 수 있어요.

그런데, 요즘에는 그런 것을 믿지 않는다고 하죠. 그래서 출산 후 삼칠일이라고 하는 21일을 지키지 않습니다. 그러나 21일 이내에 함부로 상갓집 조문을 가게 되면 집안에 상문이 들 수 있습니다. 상문은 죽은 지 한 달이 지나지 않은 사람의 넋을 의미합니다. 실제로 올해 초에 우리 동네에서 출산한 지 21일이 지나지 않은 산모가 할머니의 장례식장에 가서 염하는 것까지 참석한 뒤에 아이가 원인 모를 고열로 사망한 사건이 있었습니다. 일반인은 모르지만, 영을 느끼는 무당은 알죠. 이것은 상문이 든 이유입니다.

저출산 시대에 요즘에는 한 명 정도만 낳지 않습니까? 다른 것은 몰라도 삼칠일은 꼭 지켜야 합니다. 그래서 산후조리원에서 조리하고 나오는 것도 좋습니다. 조리원에는 출입자를 제한하니까요.

Q. 상갓집 조문할 때 하면 좋은 비방이 있나요?

— 현관문에 들어서기 전에 굵은 소금 뿌리는 것은 아마 다들 아실 겁니다. 저는 꽃게철에 꽃게를 먹게 되면 꽃게발을 잘라서 냉동실에 넣어둡니다. 장례식 가기 전에 비닐로 싼 꽃게발을 양쪽 주머니에 하나씩 넣고 가서 상갓집을 나오면서 뒤돌아보지 말고 뒤로 꽃게발을 던지면 효과가 있습니다. 이런 방법도 어려운 경우에는 집에 오기 전에 공중화장실에 들렀다가 오는 것도 한 방법입니다. 화장실에 얽힌 귀신 이야기가 많죠? 그건 다 이유가 있습니다. 귀

신이 공중화장실을 좋아하는 것은 사실이기도 합니다. 다른 한 방법은 양쪽 발바닥에 빨간색으로 임금 왕 자를 삼각형으로 세 번씩 적고 가는 것입니다. 엄지발가락과 새끼발가락 아래 양쪽에 하나씩 그리고 마지막 하나는 발바닥 중간에 적어서 세 개가 역삼각형을 이루게 그리면 됩니다.

우리는 차례와 제사를 지내는 민족입니다. 귀신이 있고 없고는 개인의 자유이죠. 그러나 사후의 세계가 있다는 것은 모든 종교의 공통점이기도 합니다. 상갓집은 방문할 때 주의하셔야 합니다.

Q. 점집 앞에 꽂힌 깃발 색상의 의미는 무엇인가요?

— 점집 앞에 깃발이 꽂혀있어요. 이것이 각각 다른 의미가 있는데, 보통 사람들은 이것에 관해 잘 모르죠. 그래서 깃발 색상에 관해 이야기하려고 합니다.

먼저 흰색 깃발이 꽂힌 점집은 점사만 보고 다른 무속 행위는 하지 않는 무당입니다. '장독대에 물을 떠 놓고 빌어라!' 등의 비방수를 알려주는 것으로 점사를 마무리하는 경우가 대부분입니다. 이런 사람들은 보통 집안에서 대물림으로 내려오는 무당일 확률이 높습니다.

흰색 깃발과 빨간색 깃발이 함께 꽂혀있는 점집이 있습니다. 흰색 깃발은 천신을 의미하고, 빨간색 깃발은 산신을 의미합니다. 이는 곧 굿을 하는 무속인이라는 의미입니다. 앞으로 이런 깃발 색상의 의미를 잘 알고 방문하길 권해드립니다.

— 무속에서 사용하는 오방색은 한국의 전통 색상이다. 황(黃), 청(靑), 백(白), 적(赤), 흑(黑) 5가지 색을 의미하며 오방정색이라고도 한다. 이것은 음양오행사상을 기초로 만들어졌는데, 음과 양의 기운이 생겨나 하늘과 땅이 되고 다시 음양의 두 기운이 목(木), 화(火), 토(土), 금(金), 수(水)의 오행을 생성했다는 것이다. 이처럼 오행에는 오색이 따르고 방위가 따르는데, 중앙과 사방을 기본으로 삼아 황(黃)은 중앙, 청(靑)은 동, 백(白)은 서, 적(赤)은 남, 흑(黑)은 북을 뜻한다.

— 각 색의 특색을 이야기하면 황(黃)은 오행 가운데 토에 해당해 우주의 중심이라는 의미로 가장 고귀한 색상으로 취급되어 임금의 옷에 사용했다. 청(靑)은 오행 가운데 목에 해당해 만물이 생성하는 봄의 색, 귀신을 물리치고 복을 비는 색으로 쓰였다. 백(白)은 오행 가운데 금에 해당하며 결백과 진실, 삶, 순결 등을 뜻해 우리 민족은 예로부터 흰 옷을 즐겨 입었다. 적(赤)은 오행 가운데 화에 해당하며 생성과 창조, 정열과 애정, 적극성을 뜻하여 가장 강한 벽사의 빛깔로 쓰였다. 흑(黑)은 오행 가운데 수에 해당해 인간의 지혜를 관장한다고 생각했다.

— 이러한 오방색은 간색이라고 해서 서로 섞여서 다른 색상을 만들어냈다. 이것은 무작위로 섞는 것이 아닌 음양오행설에 따라 서로 '상생' 관계에 따라 섞인다. 이는 빙허각 이 씨의 〈규합총서〉에도 나와 있다. 예를 들어, 물은 나무를 살리므로 청색과 흑색을 합쳐 흑청색인 암색이

되는 것이다. 이렇게 두 색을 섞는 과정에서 무한한 색채가 나오는데 이것을 오방간색이라 한다. 아래 QR 코드는 전통색 연구가인 문은배 씨의 오방간색에 관한 인터뷰이다. 해당 페이지의 오방간색 그림을 보면 이해가 빠를 것이다.

오방색은 전통 의복인 한복에서부터 한옥의 처마를 꾸미는 전통 문양 삼태극까지 한국의 전통문화에 깊게 스며들어 있다. 이것은 무당에게도 마찬가지이다. 무당의 집 앞에 꽂힌 깃발부터 점사를 볼 때 사용하는 깃대, 굿거리의 의대에 이르기까지 대부분 오방색이 포함되어 있다. 이 때문에 '미신타파' 운동이 일어나며 무당을 배척하는 시기부터 오방색에 관한 대중의 시선도 곱지 않아졌다. 전통 색상의 계승 발전을 위해서 무당과 오방색에 관한 편견을 회복해야 한다.

이번 Q는 일월성신 채널에서 발췌한 것으로
오른쪽 QR코드를 통해 전체 영상 시청이 가능합니다.

무당의 하루를 궁금해하는 분들이 계셔서 이번에는 무당의
v-log를 말씀드리려고 해요. 보통은 아침에 일어나서 세수하고
신당에 기도 올리는 것이 일과의 시작입니다. 신당에서 초를 켜
고 향을 피우고 기도 올리는 일로 오전 일과가 거의 지나가요.
물론, 막둥이 유치원에 등원시키는 것도 제 몫이긴 합니다. 하하
하! 점집에 의뢰인 예약이 있으면 점사를 보기도 하고요.
오늘은 의뢰인이 병원에 계시는 분이라 제가 직접 출장 가는 날
입니다. 이 유튜브는 일월성신 채널을 찍어주시는 매니저님이
만들어주신 영상이에요. 가는 길이 멀고 요즘 코로나19 때문에
나가서 먹기도 쉽지 않아서 먼저 식사했습니다. 오랜만에 부인
과 매니저님을 위해서 요리를 해봤네요. 어때요? 맛있어 보이
나요? 이렇게 자주는 아니지만, 가끔 가족을 위해서 요리하기
도 합니다. 한식 쉐프였으니 주로 한식이긴 합니다.

오늘은 한식 셰프!

초 켜고 기도 올리는 모습

그렇게 든든히 아침을 먹고 성남에서 대전으로 출발했어요. 거의 3시간 남짓한 긴 코스랍니다. 오늘은 대전 병원에 있는 의뢰인을 만나러 가요. 의뢰인이 꿈속에서 저를 세 번이나 봤다면서 연락이 왔어요. 먼 길이지만 이렇게 직접 신도를 찾아가기도 합니다. 요즘은 병원에 출입이 쉽지 않아서 잠깐이지만 밖에서 기도를 드렸어요. 저도 예전에 아팠던 터라 아픔이 고스란히 느껴져서 마음이 좋지 않았어요. 건강해지셨으면 하는 바람입니다.

다시 산으로 출발합니다. 이렇게 잠깐이지만 만난 의뢰인을 위해서 산 기도를 갑니다. 해지기 전 저녁에 올라가 새벽녘까지 낮에 만난 의뢰인과 다른 신도들을 위해서 초를 하나하나 명기를 받을 수 있도록 켜주고 기도를 올립니다. 무당이래야 별거 없습니다. 점사를 봐주고 그것을 신에게 올리기 위해서 기도 올리는 것에 하루 대부분을 씁니다. 다만, '점사를 어디에서 보느냐?' 그리고 '기도를 어디에서 올리느냐?' 차이점은 장소의 다름일 뿐입니다.

이것이 무당이라는 직업입니다. 그래서 또 하나의 팁을 드리자면, 매번 산을 타서 다리가 튼튼해지고 건강해진다는 것이고요. 좋은 공기를 마시니 어린 시절 많이 아팠던 것이 더 나아지는 것 같은 느낌입니다. 하하하! 모두 성불하세요!

004
한국의 7대 종단

한국의 대표적인 종교인 7대 종단에

민족종교가 포함되었다.

한국민속종교협의회, 대한경신연합회, 경천신명회 등

무당이 종교인으로 활동할 때

참고할만한 단체를 알아보자.

7대 종단이란 한국종교인평화회의(KCRP)에 소속된 한국의 대표적인 종교를 의미한다. 종단이란 종교나 종파의 단체를 의미하는 것으로 한국의 대표적인 종교는 개신교, 불교, 유교, 원불교, 천도교, 천주교, 기타 민족종교의 종단을 의미한다. 한국종교인평화회의(KCRP)는 1965년 서울에서 6개 종단(개신교, 불교, 원불교, 유교, 천도교, 천주교) 지도자들이 모여 대화모임을 갖으면서 시작되었다. 이후 2019년에 민족종교가 가입하며 현재의 7대 종단이 되었다.

　　KCRP에는 종교 간 대화위원회, 여성위원회, 청년위원회, 생명평화

문재인 대통령과의 종교 지도자 오찬 간담회(연합뉴스)

위원회, 남북교류위원회, 종교문화예술홍보위원회, 출판위원회 등의 위원회가 있으며 산하에 종교평화 국제사업단을 설립하여 종교 분쟁 지역의 평화정착 지원사업, 인도적 지원사업을 추진하고 있다.

7대 종단의 각 대표는 세계 평화와 기후변화 등 국가적 사태에 관한 지도자 회의에 참석하는 등 다양한 활동으로 종교인의 목소리를 내고 있다. 최근 문재인 대통령과 7대 종단의 대표가 함께 진행한 오찬에서는 한반도의 평화와 장애인에게 필요한 정책과 기후변화와 코로나 19의 정책에 관한 논의가 이루어졌다.

한국민족종교협의회

한국민족종교협의회(이하 협의회)는 손상되어가는 민족문화와 민족 국가의 정체성을 회복하고자 만들어진 한국민족종교 연합운동 단체이다. 1985년에 설립된 협의회는 〈민족종교회보〉를 창간했으며, 민족종교의 진로를 모색하기 위한 간담회 등 많은 활동을 하고 있다. 한민족 고유의 민족종교에 관한 교리와 사상을 대중이 접할 수 있도록 보존하는 것을 목표로 하고 있다. 가입되어 있는 민족종교는 갱정유도, 경천신명회, 대순진리회, 선교, 수운교, 순천도, 원불교, 증산도, 증산법종교, 천도교, 청우일신회, 태극도 외 25개 교단이 있으며, 이 중 경천신명회가 무당의 전통무교 단체이다.

민족종교는 어떤 특정한 민족이나 인종에 자연발생적인 기원을 갖고 전통적으로 그 민족에 전승되는 종교를 의미한다. 대체적으로 이러한 민족종교는 교리가 결핍되고 포교나 전도에 의한 확대가 없이 자연적으로 확산되어 그 사회의 전원이 전통적으로 신앙을 지속하는 특징을 가지고 있다. 최근 한국에서는 몇몇 신 종교가 교리·제도·의례 등 세계 종교로의 제반 구비요건을 갖추며 민족종교로 발전하는 모습을 보이고 있다(원불교대사전).

대한경신연합회

대한경신연합회는 대한민국 무속인의 단결과 화합을 목표로 하는 기관이다. 대한경신연합회의 조직도는 전통민속위원회, 한국무속연구소, 무악위원회, 문화학술위원회, 환경경화위원회 등으로 구성되어 있다. 각 시, 도 지부가 지역별로 있는데, 서울에만 24개, 경기도에 23개 등 200여 개의 지부를 가지고 있다.

대한경신연합회는 대한승공경신연합회가 이름을 변경한 것으로 1950년대 말 전국의 무당과 점복 업자가 모여 만든 경신회가 모체가 되었다. 대한승공경신연합회는 1971년 문화공보부에 사단법인으로 등록되었으며, 1991년 11월 26일 한국민속신문을 창간했다. 이후에 대한경신연합회로 이름을 변경했다.

해마다 대한경신연합회가 주관하는 연례행사가 진행된다. 2~3월에는 환경 세미나 및 캠페인 대회, 3월에는 한국무속강좌, 4월에는 오두산 통일전망대 행사, 5월에는 전국회원체육대회, 7-8월에는 하계수련대회, 9~10월에는 전국 무속 대제전, 11월에는 국태민안 마니산 대제, 12월에는 정기총회가 열린다. 이 외에 기타 행사로 문화관광부가 주최하는 전국 민속 예술축제, 경신회가 주최하는 전국 민속 대제전, 호국영령 위령제, 국태민안 기원대제, 국태민안 남산대제, 각 시, 도지부 대동제 및 용왕제 그리고 무형문화제 공연 및 보존 활동 등이 이루어진다. 다만, 현재 코로나19 상황이라 연례행사 중 한국무속강좌와 같이 소수정예로 진행 가능한 행사만 진행되고 있으며 기타행사의 진행 여부는 확인이 어려운 상황이다. 마지막으로 무속인에게 신규 자격증 및 등록증을 발급한다.

경천신명회

경천신명회는 2019년 민족종교 중 하나로 무교가 인정받게 되면서 대한경신연합회가 세운 협회이다. 2019년 7월 8일 사단법인 경천신명회 법인이 설립되었고, 같은 해 7월 24일 한국민족종교협의회에 사단법인 민족종교 경천신명회의 교단 가입이 승인되었다.

현재 신내림을 받고 무당으로 활동하는 이는 경천신명회의 회원으로 가입할 수 있다. 회원으로 가입하기 위해서는 협회의 교육을 이수하고, 제례가 가능해야 한다. 회원으로 등록한 개인에게는 고유번호가 나오는데, 이 번호로 세무서에 등록하면 비영리 사업자(종교시설)로 등록이 가능하다. 지역마다 본부장, 지부장이 있어 제자(무당)에 한해서 가입서류를 제출할 수 있다. 비용 등 더 자세한 내용은 협회로 문의하면 된다. 경천신명회는 전국 본부장 회의 및 불우이웃 돕기 등 다양한 활동을 펼치고 있다.

종교인으로 인정받다

이처럼 대한승공경신연합회에서 대한경신연합회로 변화하고 민족종교로 승인받은 경천신명회의 설립까지 무당의 지위는 문화예술인, 전문직업인을 넘어서 종교인으로 인정받기 시작했다. 그러나 종교의 하나로 인정받기 위해서는 좀 더 시간이 필요해 보인다. 무엇이든지 새로운 것은 적응 기간이 필요한 법이다. 먼저 전국의 무당이 이 사실을 인지하고 경천신명회에 가입해서 종교인으로 활동하는 것이 필요하며, 다음으로는 대중이 인지하는 시간이 필요하다. 또한, 경천신명회의 좀 더 체계적이고 각 지역의 무당이 하나가 될 수 있도록 조율하는 역할이 견고해져야 할 것이다.

**무당도
등급이 있나요?**

무당이 자격증이 있는 것도 아니고 등급이 나뉘어 있지는 않아요. 다만, 같은 신내림을 받은 무당이라 하더라도 굿을 하는 무당과 그렇지 않은 무당은 구별할 수 있습니다. 무당의 집 앞에 있는 깃발의 색상에 따라 구별 가능한 부분은 다른 Q에서 말씀드린 바와 같습니다. 이 두 개의 가장 다른 점은 신줄이 있거나 집안의 조상신에게 문제가 있는 집의 해결방안으로 굿이 가능한 무당은 조상신을 직접 불러서 영으로 처리가 가능한 부분이 있습니다.

굿이 가능하지 않은 무당은 집안에서 내려오는 비책만 알려줍니다. 예를 들어, 집안의 어두운 곳에 막걸리를 세 번씩 뿌리라든지, 부적을 써줄 테니 어디다 넣어두라든지 하는 것을 비책이라 합니다. 혹은 초를 켜고 기도 올려준다는 방법이 대부분입니다. 이러한 비책은 보통 집안에서 내려오거나 혹은 신내림 받은 신어머니에게 배우게 됩니다. 그러니 어느 무당이 더 낫다고 감히 단언할 수는 없지만, 영의 세계를 다루는 무속인의 세계에서 점사만 보는 무당이 해결할 수 있는 영의 분야는 한정적이라고 할 수 있겠습니다. 또 하나는 신내림을 받았지만 영통하지 못한 무당은 점사를 봐서는 안 됩니다. '영통하다'라는 것은 사전적 의미로는 '신령스럽게 서로 잘 통한다'라는 의미로 신과 영매인 무당이 잘 통한다는 것을 의미합니다. 신이 하는 말을 무당이 제대로 듣지 못하니 신도에게 전달하지 못할 텐데 점사를 봐준 다면 어떻겠습니까? 이것은 매우 위험합니다. 영통하지 않은 사람의 위험함은 '선무당이 사람 잡는다'라는 속담에도 나타나 있죠. 선무당이란 설익은 무당을 의미하는 말로, 제대로 배우지 못한 무당을 의미합니다. 선무당은 '영통하지 못한 무당'이라는 뜻이기도 합니다.

과거에는 신내림 받으면 3년을 신어머니 집에서 시집살이했습니다. 신어머니와 함께 먹고, 자며 영통할 때까지 신어머니의 말하자면 코칭을 받은 거죠. 그러나 요즘에는 신내림 후에 책으로 공부해 점사를 보는 무당도 있습니다. 유튜브에도 많은 정보가 있지 않습니까? 그러다 보니 영통하지 않은 무당이 과거보다 더 많아지고 있습니다. 영통하는 과정은 글로 배울 수 없습니다. 책에서 눈에 보이지 않는 영의 세계를 배우기는 힘들겠죠. 그래서 신내림 받은 분들에게 언제나 조언을 구할 수 있는 스승을 모시기를 권합니다.

영통하는 과정은 성실하게 기도하는 것뿐입니다. '공부에는 왕도가 없다'라는 속담처럼 무당의 영통하는 과정도 마찬가지입니다. 기도는 신과의 연결을 계속해서 시도하는 과정입니다. 어떤 종교든 기도를 중요하게 생각하죠. 천주교, 기독교, 불교 모두 기도문이 다 있지 않습니까? 무속에서도 기도는 매우 중요합니다. 이것은 다른 종교인과 마찬가지로 무당에게 가장 기본적으로 필요한 내용입니다.

그렇다면, 마지막으로 '영통한 무당인지 어떻게 판단하는가?'에 관한 문제가 남습니다. 무당인 저는 압니다. 그러나 영의 세계를 느끼지 못하는 대중은 판단하기 힘들 것입니다. 마지막으로 하나의 기준을 제시하자면 요즘 블로그나 유튜브 활동하는 무당이 많은데 '얼마나 기적적이고 자극적인 글이 많은가?'를 유념해서 보시라고 권하고 싶습니다. 선정적인 무당은 영통하지 않은 무당일 확률이 높습니다. 그러니 일상적이고 평범한 블로그나 영상도 있으면서 다른 내용도 있는지 잘 살펴보시고 판단하시길 바라는 바입니다.

에피소드_ 셰프 무당

    나는 한식 셰프였다. 벌써 20년도 훌쩍 넘은 이야기이다. 당시 '셰프'라는 직업은 지금처럼 핫하진 않았다. 그런 시대에 몇 안 되는 남자 셰프로 방송활동은 물론이고 요리학원 원장으로 각종 기능 경진대회에 참여하며 조리학과 교수로도 오래 활동했다. 함께 활동했던 호텔 주방장들은 이미 그쪽에서는 말 그대로 최고의 자리에 올랐다. 중식을 함께 했던 친구는 중식 셰프 장이 되었다. 꿈도 많았다. 요리책도 내고 싶었고, 겸임 교수 시절이었기 때문에 정식 교수로 발령받으면 한식에 관한 연구와 함께 제자를 키우고 싶었다. 무엇보다 요리 강의가 적성

요리방송 촬영

에 가장 잘 맞았다. 누군가에게 요리를 가르쳐주는 것은 요리를 직접 하는 것보다 내겐 더 큰 희열이었다.

가장 큰 어둠은 가장 밝을 때 온다고 했다. 이렇게 노력하며 정식 교수로 발령받기 바로 직전이었다. 내가 신내림 받은 시점이 말이다. 어느 날 나의 교수 심사를 맡으신 교수 한 분이 찾아와 이렇게 말했다.

교수   사회에서 지탄받는 직업을 겸하고 계신다고 들었어요. 그게 사실인가요?

나   네! 맞습니다.

지탄! 분명 그는 '지탄'이라고 표현했다. 나는 이렇게 답할 수 밖에 없었다. 그렇게 누가 봐도 내가 1순위였던 겸임 교수 자리는 다른 사람

요리경진대회

에게 돌아갔고, 크게 운영하던 요리학원, 교수, 방송까지 모두 접었다. 당시 고충은 이루 말할 수 없었다. 평생의 꿈이 무너지는 순간이었다.

그렇게 한동안 터널 속에서 헤매었다. 난 잘못이 없었다. 무당이라는 것이 잘못한 일인가? 무당은 죄가 아니란 말이다. 우리는 마음 넓은 친구에게 '너 마음이 보살이구나!'라는 표현을 종종 사용한다. 이런 표현은 그냥 생겨난 것이 아니다. 무당으로의 삶이 20년이 넘었다. 되돌아보면 보살은 인간의 경지를 약간은 넘어선 느낌이 있다. 그도 그럴 것이 상당한 인생의 고충을 겪어내기 때문이다.

그렇게 내려두었다. 요리의 꿈, 교수의 꿈, 책을 쓰는 꿈…. 그러다 이번 〈무당도 직업이다〉를 쓰며 다시 꿈꿔본다. 요리책도 만들 것이다. 그렇게 또 한 발 나아간다. 살아있으니 무엇인들 못하겠는가? 그래서 이 책을 쓴 경험이 내게 더 소중하다. 나는 무당이다!

굿거리하는 나

PART 4

만신이 되다

001
중요무형문화재가 되다

무당이 주도하는 많은 굿거리가

중요무형문화재로 지정되었으며,

유네스코 세계 문화유산으로 지정되었다.

어떤 굿거리인지 QR코드를 통해 동영상도 보고

내용을 간략히 살펴보자.

국가에서는 전통문화의 계승 발전을 위해서 전국 각지의 문화를 선정해 중요무형문화재로 지정하고 있다. 2021년 기준 현재 국가무형 문화재는 제 143호까지 있는데, 그 중 굿은 제69호 하회별신굿탈놀이, 제70호 양주소놀이굿, 제71호 제주칠머리당영등굿, 제72호 진도 씻김굿, 제82-1호 동해안별신굿, 제82-2호 서해안배연신굿 및 대동 굿, 82-4호 남해안별신굿, 제90호 황해도평산소놀음굿, 제98호 경기 도도당굿, 제104호 서울새남굿 등이 있다.

\<하회별신굿탈놀이\>

풍산 류씨 집성촌인 경상북도 안동 풍천면 하회마을에서 각성바지들 이 별신굿 과정에서 행하는 서낭굿 계통의 탈놀이이다. 풍산 류씨는 15세기 초에 하회마을로 이주한 문벌 집안이다. 하회별신굿탈놀이는 고려시대부터 유래하며, 현존하는 가면극 중 가장 오래된 것으로 알려 져 있다. 하회탈과 관련해서는 〈허도령 전설〉이 구전되고 있다. 〈허도 령 전설〉은 하회마을에 살던 허도령이 신의 계시를 받고 탈을 제작하 던 중 그를 사모하는 처녀가 금기를 깨고 그 광경을 엿보면서 마지막 이매탈을 완성하지 못하고 피를 토하며 죽었다는 슬픈 이야기이다(성 병희, 1980).

하회에서는 평시에 탈을 볼 수 없고, 연말부터 정월대보름 사이에만

탈놀이를 했다. 이처럼 하회별신굿탈놀이는 경북 지역의 자생적 서낭굿 탈놀이의 특징을 가지고 있다. 또한, 금기가 엄격한 별신굿으로 전승되는 무언의 굿탈놀이 형태이기도 하다. 하회에서 탈을 쓰고 하는 말은 신이 하는 말로 인식했기 때문에 탈판에서 한 말에 대해서는 어느 누구도 책임을 물을 수 없었다. 이처럼 하회탈은 다른 지역과는 달리 탈 자체에 신성성을 부여해서, 소각하지 않고 반복해서 사용했다. 이를 전승한 사람은 1928년 마지막 별신굿 때 각시 역을 맡았던 이창희(1913~1996)로 중요무형문화재 제69호 최초 보유자였다. 이후, 이상호(백정 역), 김춘택(할미 역), 임형택(양반 역)이 예능 보유자로, 손상락(부네 역), 김오중(이매 역), 권순찬(선비 역), 권태경(청광대 역) 등이 전수 조교로 활동하고 있다(성병희, 1980).

<양주소놀이굿>

양주소놀이굿은 경기도 양주 지역의 경사굿 제석거리에서 무당과 마부 등이 재담과 소리를 주고받으며 노는 굿 놀이로 1980년 중요무형문화재 제70호로 지정되었다. 1980년 중요무형문화재 지정되기 전까지 마부 역할을 맡은 놀이꾼과 무당을 중심으로 전승되어 왔다. 문화재 지정 이후부터는 마부, 무당, 악사의 세 가지 축을 중심으로 전승 체계가 마련되고 있다. 현재 양주 백석읍 방성리에 있는 양주소놀이굿 보존회를 중심으로 전승이 이루어지고 있다.

<제주칠머리당영등굿>

국가무형문화재 뿐 아니라 2009년 유네스코 세계 문화유산으로도 등재된 제주칠머리당영등굿은 바람의 여신인 영등할머니와 바다의 신인 용왕에게 마을의 평안과 풍요를 기원하는 행사이다. 다른 굿거리와 가장 큰 차이점은 굿을 여는 사람은 무당이지만 해녀와 선주, 주민이 모두 참여한다는 것이다. 섬인 제주의 전통과 주민들의 삶의 모습, 자연관과 신앙심을 모두 담고 있어 이색적인 문화재로 그 가치가 높다.

칠머리당영등굿은 500년 이상 된 전통문화이지만 다른 굿거리와 마찬가지로 구체적인 기록이나 자료를 찾아보기는 쉽지 않다. 조선시대 각 지방의 지리와 풍습을 기록한 〈신증동국여지승람〉, 〈탐라지〉, 〈동국세시기〉 등에 기록이 남아있을 뿐이다.

칠머리당 영등굿의 주인공은 바람이다. 제주에서 바람은 어떤 자연 현상보다 무섭고 두려운 존재이며 사람들의 목숨을 좌우하는 중요한 요소이기도 했다. 바람이 많이 불면 바다에 나가는 것조차 불가능하기 때문이다. 이에 제주인들은 겨울에서 봄이 되는 시기에 제주를 찾아오는 바람의 신 '영등신'에게 바다가 평화롭고 물고기가 많이 잡히기를 기원하는 의식을 올렸다. 이것이 바로 영등굿이다.

<동해안별신굿>

동해안별신굿은 골매기당제라고도 하며 1985년 국가무형문화재 제
82-1호로 지정되었다. 어민의 풍어와 안전, 부락민의 평안과 장수를
미는 마을의 무속적 축제이다. 굿은 보통 16가지 과정으로 집행하는데
잡귀를 몰아내는 부정굿, 천연두의 신을 배송하는 손님굿, 군웅 장수
의 힘을 보여주는 군웅굿, 꽃노래와 뱃노래를 하는 등굿, 풍어와 안전
을 비는 뱃머리굿, 옥황상제에게 비는 황제굿, 액을 면하도록 비는 재
미굿, 바다에서 죽은 이의 넋을 위로하는 용왕굿, 주민들과 함께 흥겹
게 노는 놀이굿, 거리를 헤매는 잡귀를 위로하는 거리굿 등이 있다. 동
해안별신굿의 특징은 무악과 무가가 세련되고 내용이 풍부하며 다양
한 춤과 익살스러운 재담이 많아 놀이적 특성이 강하다는 점이다.

<서해안배연신굿>

서해안배연신굿은 서해안 지역에서 한 해 동안 바다에서 무사하고 풍
어를 빌기 위해 행하는 무당굿을 의미한다. 주로 정월에서 2월 사이에
하루종일 굿거리를 하는데, 선주들이 비용을 대고 배 안에서 이루어진
다. 굿의 순서는 신들에게 굿의 시작을 알리는 신청울림, 마을의 수호
신을 모신 당산에 올라가 깃발을 당신으로 모셔 굿청으로 오는 당산맞

이, 굿청의 부정을 가시고 모든 신들을 청하는 의례인 초부정 초가뭉, 부정을 물리는 영정물림, 배연신굿에서 중요하게 모시는 소당애기씨를 모시는 소당제석, 팔도명산의 장군신들을 불러 모시는 먼산 장군, 재수를 불어주고 흥겹게 노는 굿인 대감, 가장 놀이성이 강한 굿인 영산할맘·할아밤거리, 고기를 상징하는 떡을 긴 무명 위에 올려놓고 양쪽에서 잡고 좌우로 흔드는 쑹거주는 굿, 육지에서 배로 올라가는 다릿발에서 잡귀들을 풀어먹이는 다릿발 용신굿, 마지막으로 배 안의 굿을 끝내고 강변에서 잡귀들을 풀어먹이는 강변굿이다. 이러한 서해안 배연신굿은 풍어제의 하나이기도 하다.

<남해안별신굿>

남해안별신굿은 음력 정월 초하루에 경상남도 통영시와 거제도를 중심으로 한 남해안 지역에 전승되는 어민들의 풍어와 마을의 평안을 기원하는 마을굿이다. 보통 3년에 한 번씩 굿을 벌이는데 별신굿의 '별신'은 현지에서 '별손·벨손·벨신'등으로 불리는데, 이 굿은 바다를 먹이는 굿이라고도 한다. 굿당은 마을회관에 꾸미며, 제물은 메, 떡, 삼색과일, 생선찜, 생선전, 생선포, 나물 등으로 차려진다. 이는 동해안 지역에 비해 간단한 상차림이나 각 가정에서 한 상씩 차려와 문밖에 늘어놓는 거래상이 볼만하다. 풍어제의 하나로 중요무형문화재로 지정되었다.

<황해도평산소놀음굿>

중요무형문화재 제90호로 경사굿 중 제석거리에 이어 행하여지며, 농경 의례적 성격을 지니고 있다. 양주소놀이굿과 비슷한 성격을 가지고 있으나, 양주소놀이굿은 굿의 주 무대가 마루에서 앞마당으로 옮겨지고, 주역이 또한 무당에서 마부로 바뀐다. 그러나 평산소놀음굿은 무대가 마당으로 옮겨지는 것은 같으나 놀이의 주역은 계속해서 무당들에 의하여 행해진다는 점이 가장 큰 차이점이다. 이 소놀음은 농사나 사업이 잘되기를 빌거나 자손들의 번창을 비는 의미에서 경사굿으로 마을의 협동과 화합을 다지며 개인에게는 즐거움과 희망 그리고 용기를 북돋아 준다.

<서울새남굿>

서울새남굿은 죽은 자를 위해 행해지는 서울 지역 무속의 죽음 의례에서 가장 규모가 큰 굿이다. 서울 무속의 죽음 의례 중 대표적인 것이 진오기굿인데, 이러한 진오기굿 중에서 가장 규모가 큰 굿이다. 이러한 서울새남굿은 규모에 따라 다시 얼새남, 원새남, 천근새남, 쌍궤새남 등으로 나뉜다.

새남의 어원은 확실하지 않으나 순수한 우리말로 보고 재생을 의미하는 '새로 태어남'이 어원이라는 의견이 받아들여지고 있다. 이것은 또한 무속의 죽음 의례를 비롯해 한국의 많은 전통적인 죽음 의례에서 재생의 모티브를 함축하고 있다는 점에서 설득력이 있다. 서울새남굿은 정확히 언제부터 행해졌는지 알 수 없다. 이것은 죽음의 의례 중 하나이면서 불교와 유교적 요소를 고루 갖추고 있다.

서울 무속에서는 죽은 자가 이승에서 저승으로 나갈 때의 문, 이승에서 저승으로 들어가는 문, 저승에 들어가서 극락세계 연화대와 지옥으로 나눠지는 문 등 3개의 관문을 잘 통과해야만 극락세계 연화대에 도달할 수 있다고 믿었다. 새남굿은 이러한 저승길 여정을 구체적인 의례 과정으로 가시적으로 재현하면서 구체적이고 세밀하게 보여준다. 죽은 자의 저승길 인도는 한국무속 고유의 신인 바리공주가 중심적 역할을 하며 굿거리 내내 무당의 신내림을 통한 죽은 자와 산 자의 직접적인 대화에 중요한 역할을 한다.

'공부에 왕도가 없다'는 말이 있죠. 신기를 영하게 하는 것, 신과 영통하는 것, 신도의 집안을 복되게 하는 것 모두 기도밖에는 답이 없습니다. 모시는 신들께 쉬지 않고 매일같이 기도하고 또 하는 것입니다.

무당은 인간입니다. 신과 인간을 연결하는 사제의 역할을 하지만 인간은 인간이죠. 그러니 기도 이외에 할 수 있는 것은 아무 것도 없습니다. 보통은 제가 점사를 보는 집에 모시는 신당에서 매일 기도를 올립니다. 그리고 더 많은 기도가 필요할 때는 산에 올라가서 명소에서 기도를 합니다. 산에 올라가서 하는 기도는 명산에 올라가면 올라가는 데만 하루가 걸리기 때문에 당일로는 다녀오기 힘듭니다. 보통 일주일에서 더 길게 기도에만 정성을 쏟기도 합니다. 이럴 때는 신기가 더 영해지는 것을 기도하는 제가 느낍니다.

다른 하나는 굿을 하는 것입니다. 무당은 신도나 의뢰인을 위해서 굿을 하기도 하지만, 자신이 모시는 신을 위해서 무당끼리 노는 굿을 하기도 합니다. 이것은 말 그대로 신들과 한판 노는 것입니다. 신께 맛있는 잔칫상을 올리고 굿을 하며 올리는 기도를 들어주십사 더욱 정성을 들이는 것입니다.

그렇게 연초에 진행하는 굿은 올해도 무사히 무당 일을 마칠 수 있도록 도와주십사 하는 것입니다. 무당은 자신의 점사는 볼 수 없습니다. 이렇게 무당을 위한 굿을 할 때는 동료 무당들과 함께 합니다. 서로 한판 놀며 서로의 점사를 봐주기도 합니다. 그리고 삼재가 있거나 해서 그 해에 풀어줘야 할 것이 있으면 서로 풀어주기도 합니다. 이것은 신과 영매인 무당만의 굿이라고 생각하면 되겠네요.

무속인 중 무형문화재인 사람들이 있다. 소수이긴 하지만 일부 무당은 인간문화재가 되기를 원해 그 길을 가기도 한다. 보통 해당 프로그램의 이수자, 전수자가 되는데 마지막 관문이 인간문화재인 무형문화재이다. 무형문화재가 되기를 원한다면 다양한 방법이 있지만 그 과정은 쉽지 않다. 이론뿐 아니라 실기까지 습득하려면 남다른 노력이 필요하다.

대중이 생각하는 무속인은 신도님을 위해 봉사하고 헌신하며 기도 올리는 것에 더 가까울 것이다. 간혹 굿하는 무당의 모습도 볼 수 있을 것이나, 굿하는 것과 무형문화재의 길은 전혀 다른 별개이다. 무형문화재는 각 지역의 특색과 전래되는 풍습에 대해서 공연하는 것이라고 말하면 더 쉬울 것 같다. 이것은 하나의 공연이지 영을 모시는 과정이 아니라는 의미이다. 어떤 행위에 관한 평가나 인정이라는 의미에서 무(巫)의 세계와 연관된 것은 아니다. 그것을 나라에서 인정해서 이수자, 전수자 그리고 무형문화재라고 칭하는 것이다.

무당 1   ○○ 무당은 이번에 ○○ 굿거리 인간문화재 과정을 이수했대. 그거 하려면 어떻게 시작하는 거래요?

무당 2   선녀님, 인간문화재에 관심 있어요?

184

무당 1 사람들한테 무시당하지 않으려면 뭐라도 이력에 쓸만한 게 하나 더 있으면 낫지 않겠어요?

무당 2 그건 어떻게 보면 그 사람들의 몫이지 우리의 몫은 아니지! 기독교냐, 불교냐, 무교냐 개인의 선택 문제라고 생각해요.

무당 1 뭐라도 하나 배워볼라니까, 방법 좀 알려줘요!

무당 2 그 길도 만만치 않을 텐데… 일단 선생을 찾아야 해요. 선생을 찾아서 전수받아야 하니까요. 그 선생에게서 이론 수업도 듣고 전수도 받는 거죠. 그런데 이론서만 해도 방대한데다 전수받는 굿거리는 하나만 저녁에 시작해서 다음날 새벽까지 할 정도니까…. 그 과정의 힘듦은 말하지 않아도 짐작이 가죠?

무당 1 선생을 어디가서 찾나? 시작부터 쉽지 않겠어요!

무당 2 예를 들어 경기도도당굿의 이수자, 전수자가 되려면 먼저 경기도도당굿의 회원이 되어야 해요. 회원가입하고 그 뒤에 선생을 찾는 거죠. 해당 굿의 문서를 가지고 공부부터 시작해야 해요. 이론 공부하면서 굿도 선생에게서 배우는 거죠. 하루, 이틀 만에 습득되는 게 아니니까요.

무당 1 그렇군요. 배움이 끝나면 이수자, 전수자 시험을 보나요?

무당 2 인간문화재 신청 시기가 별도로 있는걸로 알고 있어요. 신청하면 시험 시기와 공연 심사 기간이 나오니까 그때 말하자면 시험을 보는 거죠.

무당 1 시험 보듯이 감독관이 있나 봐요?

무당 2 시험 보듯이가 아니라 시험 보는 거나 마찬가지죠. 뭐든 인정받기 위해서는 인정받을만한 지위에 있는 사람의 인정이 필요한 거니까요. 문화재청에서 시험·감독한다고 들었어요.

무당 1 굿거리가 10~20분 사이에 끝나는 것이 아닌데 이것을 다 보는 것인가요?

무당 2 어느 정도 시간을 보는지는 문화재청에 문의해 보세요. 그러니 세상에 쉬운 일은 없어요. 다 나름의 고된 것이 하나씩 있는 거죠.

무당 1 그래요. 괜히 인간문화재겠어요?

무당 2 그런데 이 힘든 일에 왜 관심을 두는 거죠? 우리는 신도를 위한 기도만 해도 쉽지 않은데….

무당 1 무속이라는 것이 옛것이잖아요. 비록 이 길을 제가 선택하진 않았지만, 옛것을 이어나간다는 나름의 기준을 가지고 일하고 싶어요. 모든 직업에는 자신만의 직업에 대한 가치관이 있잖아요. 과거엔 무당이 배우지 못하고 가진 것 없는 천민이라는 의식이 많았어요. 그러나 요즘은 아니잖아요. 내 나름 이 일을 언제까지 할지 모르겠지만 옛것을 배우면서 가고 싶어요. 그것을 후대에 전하는 것도 마찬가지고요. 그게 제가 원하는 직업에 관한 가치관일 수도 있고요. 무당으로서 최선을 다하고 싶고 최고가 되고 싶은 그런 욕구가 제게 있나 봐요.

무당 2 쉽지 않은 길을 더 어렵게 가려고 하네요. 말이 쉽지 정말 어려울 거예요. 거기다 영을 모시는 과정 없이 이론과 행위적인 부분만 보잖아요. 무당이 말하는 무(巫)의 세계는 우리만 느끼는 거니 어떻게 심사위원들이 보겠어요. 영이 없는 행위적인 부분이니 인간문화재에 관해 부정적인 무당들도 있어요.

무당 1 영의 세계를 모든 사람에게 알릴 수 없으니까요. 그건 우리의 몫이죠. 우리가 신도들 굿거리 할 때도 거의 종일 하잖아요. 굿이 그렇지! 한두 시간에 끝나는 것은 굿이 아니지! 한 상 차려놓고 신들과 노는 것인데요. 한번 신명 나게 놀아봐야죠!

무당 2 하하하! 인정받아 나쁠 건 없죠. 거기다 문화재라니 엄청난대요? 열심히 해요~

무당의 굿거리는 국악과 민속무용의 일부이기도 하다. 이런 이유로 김금화 선생님처럼 일부 무당은 무형문화재로 인정받았다. 가수 송가인의 어머니인 송순단 씨가 무형문화재 제72호 진도씻김굿 전수교육 조교인 것은 유명하다.

002
민요와 무속음악

무속음악은 민간에서 민요처럼 구전되었다.

'뽕끼 가득한 민요'를 부르는 이희문 국악인은

민요 세계에 새로운 바람을 불러일으켰다.

전통적인 무악도 지켜져야 하지만

무악에도 새로운 바람이 필요하다.

무속음악은 무악(巫樂)이라고 하며 무의 의식에 수반되는 모든 음악을 의미한다. 굿은 우리 민족 대다수 계층에서 오랜 기간을 이어온 민간신앙의 종교의식으로 여기에 수반된 무악은 시나위 음악을 낳고, 판소리, 산조, 민요, 농악 등 민속음악 전반에 큰 영향을 끼쳤다(한국민족문화대백과).

무악에 관한 최초의 기록은 〈삼국지〉 위지 동이전에 따르면 제천대회는 나라마다 그 모습이 조금씩 달랐으나 하늘에 제사하고 가무 음주한 공통점이 있다. 이와 같은 유풍이 오늘날의 '강릉별신굿'이나 각 지방의 '도당굿'으로 남아있는 것으로 보인다. 그러나 직접적으로 무악에 대해 언급한 기록은 아직 발견되지 않았다. 〈고려사〉와 조선왕조실록 등의 문집에서 굿과 무악에 관한 기록이 보일 뿐이다. 다만 조선조 이래로 근대에 오면서 예악과 근대사상, 그리고 기독교사상의 영향으로 굿을 미신으로 여기면서 굿과 더불어 무악도 점점 그 모습을 잃어가고 있다. 광복 뒤에도 한동안 무속에 대한 비판으로 무악까지 도외시되는 그릇된 관념 속에 있었으나, 최근 호전되어가고 있다(장사훈 1976).

무악은 다른 민속음악과 마찬가지로 지방에 따라 독특한 음악적 특색을 지닌 토리를 가지고 있다. 무악의 토리는 무당이 낭송식으로 많은 노랫말을 부르는 무가에서 더욱 두드러지게 나타난다. 서울과 경기 지방의 무가는 '노랫가락조' 또는 '창부타령조'라고 부르고 있으며,

전라도와 충청도 그리고 경상도 일부 지방의 무가는 흔히 '육자배기토리'라고 한다. 이렇게 부르는 까닭은 이 두 지역의 대표적인 민요의 토리가 무악의 토리와 서로 닮아서 음악적 특징이 흡사하기 때문이다. 또 평안도와 황해도의 무가는 '수심가토리' 또는 '난봉가토리'라고 하는데, 이 또한 이 지역의 대표적인 민요의 토리와 무가의 토리가 서로 닮았기 때문이다. 경상도나 강원도의 동해안 지방의 무가는 '매나리토리'라고 부르고 있다. 마지막으로 제주도의 무가는 육지와 달리 다른 특징을 보이는데 '서우젯소리토리'라고 부르며 굿에서 불리는 노래가 일반인 사이에 퍼져 민요처럼 된 노래이다(장사훈 1976).

이희문

일반인 사이에 이처럼 많은 자료에서 민요와 무속음악의 경계를 찾기 힘들고 서로 상호보완적인 관계에서 성장하며 변화되었다. 여기에서 민요란, 민중들 사이에서 저절로 생겨나서 전해지는 노래를 의미한다. 이는 무속신앙이 오랜 역사 속에 우리의 민간 신앙이었다는 점에서 민간인이 즐겨 부르는 노래인 민요와 무속음악이 분리되기는 힘들었음을 의미한다.

이쯤에서 경기민요 소리꾼인 이희문을 소개하고자 한다. 국가무형문화재 제57호 경기민요 이수자로 학부와 석사로 국악을 전공했으며 국악과 재즈, 디스코 등 다양한 장르를 조합해 국악의 새 지평을 여는 소리꾼으로 유명하다. 그는 미국 공영방송 라디오 NPR에 나와 가발 쓰고 하이힐 신고 주술적으로 노래해 세상을 발칵 뒤집은 '세계적 난봉꾼'으로 표현된다. 워싱턴에서 녹화한 '타이니 데스크 콘서트' 동영상은 유튜브 조회 수 370만 뷰를 넘어섰고, 주최 측은 'SsingSsing isn't like any other band I've ever seen or heard(우리가 보거나 들은 적 있는 그 어떤 밴드와도 같지 않다).'고 표현했다. 그는 누구나 하는 어디에서 들어봤음직 한 음악이 아닌 새로운 스타일의 음악을 만들었다.

그의 개성은 복장이나 기교에서 나오지 않았다. 이력을 보면 짐작 가능하지만 유명한 국악인 고주랑이 어머니이다. 2004년부터 전국의 국악경연대회에서 명창부, 민요 부문, 종합부문 등 다양한 상을 휩쓸었고 〈2014 KBS 국악대상 민요상〉, 〈2015 제23회 오늘의 젊은 예술가상 전통예술부문〉, 〈2021 제70회 서울특별시 문화상 국악 부문〉 등 가히 민요 부문에서 최고의 자리를 점하고 있다.

그런 그가 왜 가발을 쓰고 20cm가 넘는 높은 하이힐을 신고 스타킹을 신을까? 이희문은 인터뷰에서 자신의 노래를 '뽕끼 가득한 민요'라 칭하고 자신을 'B급 소리꾼'으로 부르는 것에 관해 국악보다 대중에게 한발 다가갔다고 이해하겠다고 했다. 그러면서 분장은 '싱어'이면서 동시에 '퍼포머'로서 그 순간을 낚아채는 자신의 방식이라고 했다. 여장을 왜 하는지에 관한 질문에 한국민요에는 가부장적인 사회에 대한 여성의 한이 서려 있는데 이것을 더 잘 표현하기 위해 여장을 한다고 했다(QR 코드 참조).

·

일반인의 시각에서 봤을 때 무당에게 거부감이 드는 이유는 신당에 있는 신들의 무서운 그림 때문일까? 굿이 받아들이기 힘든 이유는 칼(작두) 위에서 춤추는 무당 때문일까? 우리는 이 시점에 생각해볼 필요가 있다. 중요무형문화재에서 살펴봤듯이 지역별로 굿을 할 때 사용하는 무구의 크기는 모두 달랐다. 점집에서 사용하는 대부분의 도구는 불교용품점에서 구입해서 사용한다. 그것을 구입해서 그대로 사용하는 것이 아닌 좀 더 세련되고 대중화될 수 있도록 디자인을 바꾸어보면 어떨까 하는 생각을 해봤다.

무당에 대한 직업의 사회 정체성을 정하는 것은 대중의 몫이다. 그러나 대중에게 한 발 더 다가설 수 있도록 노력하는 것 또한 무당의 몫이라고 볼 수 있다. 몇몇 예능 프로그램에서 무당이 웃으며 가볍게 연예인의 사주 상담을 했다. 이런 방송이 반복되며 무당의 이미지가 좀 더 부드러워진 것이 사실이다. 이것은 전형적인 점사보는 것과 다른 방법이다. 좀 더 편안하고 부드러운 방법으로 접근한 것이다.

무당이 좀 더 대중과 가까워질 수 있는 방법과 대중의 거부감을 줄일 수 있는 방법을 모색한다면 도움이 되지 않을까? 젊은 층은 민요 소리꾼 이희문처럼 상당한 경지에 올라있으면서 권위적이지 않고 자유롭게 자신의 영역을 표현하는 방법을 선호한다. 동시에 이 방법은 세계가 흥미로워한다. 현재도 굉장한 호응이 있는 굿 문화를 좀 더 현대적으로 표현하는 무당이 나왔으면 하는 바람이다. 이것은 무당의 사회 정체성이 낮은 이유로 국가무형문화재에만 몰입하는 상황이 안타까워서 적은 부분이기도 하다. 무당이 아닌 국악인으로 인정받는 것이 아닌 〈만신〉 김금화 선생처럼 무당으로도 날개를 달 수 있다는 것을 한 번 더 말하고 싶었다. 세계적인 무대에서 〈뽕끼 가득한 굿판〉을 벌릴 새로운 제자가 나오길 희망한다.

없어! 하나도 없어요!

기도하고 굿하면 무당한테 뭐가 좋은 줄 알아요. 우리한테 좋은
건 하나도 없어. 그냥 우리는 종교인과 같아요. 다른 이들의 평
화를 빌어주며 우리의 인생을 사는 것이에요.

우리가 모시는 신들이 원하는 것도 같습니다. 신도의 집안을 위
해 기도하거나 굿을 하면 신도의 집안이 평안하고 복되게 하는
것이죠. 이것은 일방적인 직업의식일 뿐입니다.

다만 한 가지가 있다면 '업장 소멸'이라고 해서 내가 지은 죄를
조금씩 감해주시는 것이 있습니다. 이승에서 지은 죄를 하나하
나 씻고 가는 것이죠. 제가 소원이 있다면 이제 막 유치원에 입
학한 막둥이 아들이 있습니다. 제 죄를 하나하나 소멸해서 제
자손만은 평안하게 인생을 살았으면 하는 마음뿐입니다.

그래서 더 기도 정진하는 것은 있습니다. 제 아들들을 위해서요.
그런 마음에 기도에 더 정성을 들이고 굿상에 더 정성을 들이고
초 하나를 켜도 제일 좋고 큰 초로 불을 켜는 것입니다. 이런 의
미에서의 무당은 종교인입니다. 자신의 인생은 희생해야 합니

다. 신을 위해서 그리고 중생구제를 위해서요. 중생구제는 무당의 가장 기본적인 의무입니다. 신도나 의뢰인의 요구사항을 들어주기 위해서 사는 인생이지요. 그것이 우리의 몫입니다.

그래서 중생구제를 위한 기도나 굿을 게을리하는 무당에게서 신이 떠나기도 합니다. 이것이 운명인데 운명을 져버리는 행동은 무당으로서 적당하지 않다고 신들이 판단하는 것이죠. 신이 떠나면 어떻게 점사를 볼 수 있겠어요? 그러니 더더욱 게을리하면 안 되겠죠. 할머니한테 혼나요!

저는 이 과정에서 초를 가장 중요하게 생각합니다. 그래서 산기도도 초에 신도의 이름과 생년월일을 하나하나 적어서 짊어지고 올라갑니다. 그 초를 명기를 받는 곳에 불을 붙이고 소원을 빌어야 중생구제가 되지 않겠습니까? 또 초가 크니 오래오래 타겠지요. 이렇게 정성을 들여야 뭐가 되지, 저절로 되는 건 이 세상에 아무것도 없어요. 그래서 무겁고 힘들어도 늘 초를 한 아름 짊어지고 올라갑니다. 무당은 쉬운 직업이 아닙니다.

🗨 에피소드_ 애동 제자

애동 제자들은 답답하다. 내가 답답하다는 것이 아니라 본인이 답답하다는 얘기다. 보통 신내림 받은 후 3년 정도 지나면 '난 누군가? 여긴 어딘가?' 하는 시점이 찾아온다. 그도 그럴 것이 진정한 무당이 되려면 배울 것이 어디 한 두 가지인가? 거기다가 매일 올리는 기도만 해도 신당에서만이 아니라 산기도도 가야 하니 부지런히 움직이지 않으면 신들께 혼쭐나기 마련이다. 중간에 굿도 해야지, 점사도 봐야지 하니, 정신없이 3~4년이 흐른다.

정신 차리고 보니 세월은 흘렀는데 이제부터 무엇을 해야 하는지 알 수 없는 타이밍이 온다. 애동 제자를 계속해서 가르치다 보면 공통적으로 하는 표현이 이 시기를 '답답하다'고 표현한다. 신께서 공수를 내려주지 않는 시기가 올 수도 있고, 신이 신당을 떠나 있는 시기가 올 수도 있다. 무당만 이런 시기가 있는 것은 아니다. 모든 직업은 이런 시기가 있다. 인생은 잘 나가는 시기가 있고, 어려운 시기가 있지 않은가? 무당의 신들도 늘 함께하는 것은 아니다. 그래서 주로 혼자 일하는 무당은 특히 선생이 필요하다.

상황이 이러하니 아무것도 모르고 신내림 받아 신나게 점사도 보고, 굿을 하던 애동 제자들은 이런 때가 오면 당황한다. '어! 갑자기 신이 사라졌다?' 그러고는 어떻게 해야 할지 모르는 것이다. 우리는 이미

지나온 시기이니 그러려니 한다. 지나다 보면 이런 때는 주기적으로 반복되기 때문이다. 모시는 신은 늘 같은 것이 아니라 어느 분은 갔다가 다시 오시기도 한다. 그래서 무당의 신은 몸주인 주장신을 제외하고는 변화할 수 있다는 것을 염두에 두어야 한다.

또 하나는 신내림 받은 직후의 애동제자는 말 그대로 신의 세계에서는 아기인 셈이다. 그래서 신도 제자(무당)가 무엇을 잘못해도 봐주시는 부분이 있다. 그러나 이것을 애동제자가 알아차리지 못하고 계속해서 잘못한다면 더는 봐주지 않으시는데 그 시기가 3년 차이다. 신은 화가 났는데 본인이 무엇을 잘못했는지 모르니 얼마나 답답하겠는가?

제자   선생님! 너무 답답해서 찾아왔어요. 요즘 왜 이렇게 가슴이 답답하죠?

선생   자네는 언제 신을 받았지?

제자   한 3년 정도 된 거 같아요.

선생   신을 받았을 때, 본향문, 산신문, 용신문, 천신문을 열고 제대로 받았어야 했는데 신굿을 했을 당시에 주장 신을 잘못 받아서 답답하구나!

제자   주장 신을 잘못 받아요? 신을 받을 때 주된 신으로 오신 분을 호명하긴 했는데요.

선생   신문을 열어주는 과정에서 소통이 잘 안 됐던 것 같다. 자네 주장 신이 누구지? 몸주가 어느 신이냐?

제자   모르겠어요

선생	그러면 자네는 못 부르네!
제자	그러면 어떻게 해요?
선생	자네 주장 신이 누군지 찾아야지! 신을 찾지 못하면 무당을 할 수 없잖아! 점사는 어떻게 봐?
제자	그래서 제가 가슴이 이렇게 답답했나 봐요! 그나저나 주장 신을 어떻게 찾을까요?
선생	그건 기도를 열심히 해서 찾는 방법이 있고, 신굿을 해서 찾는 방법도 있지! 방법은 자네가 결정하는 거지! 내게 도움을 받고 싶다면 도와줄 수는 있다. 기도한다면 기도하는 방법을 알려 줄 테고, 신굿을 한다면 내가 해줄 수 있지! 주장 신은 얼른 찾아야지! 그렇지 않으면 신들이 다 나가실 수도 있어.
제자	감사합니다. 고민해 보고 말씀드릴게요.
선생	주장 신은 빨리 찾아야 해! 잘못하면 다른 신들도 모두 가버릴 수 있어. 얼른 찾아서 신당의 중심을 잡아야 하니까 빨리 결정해요.
제자	네! 그럴게요. 선생님이 계셔서 정말 다행이에요. 이번 주 내로 결정해서 바로 연락드릴게요. 감사합니다.

그렇게 떠난 애동 제자는 며칠 지나지 않아 돌아와서 신굿을 했다. 그리고 주장 신을 찾았다. 신을 모시는 것은 이래서 힘이 든다. 무당은 늘 정성으로 기도를 올려야만 한다. 그것이 무당의 숙명인 것이다.

003

감정노동 직업군

자신의 진짜 감정을 숨기는 것이

업무의 40% 이상인 사람을

감정노동자라고 한다.

감정노동은 긍정적 감정노동,

중립적 감정노동, 부정적 감정노동이 있다.

감정노동이란?

감정노동(Emotional Labor)은 사회학자 앨리 러셀 혹실드(Alie Russell Hochschild)가 1983년에 최초로 사용한 용어이다. 그는 미국 델타 항공사의 승무원에 관한 논문에서 감정노동이 어떠한 사회계층의 구조적 특성에서 발생하는지에 관한 연구를 발표했다. 혹실드는 감정노동이란, '많은 사람의 눈에 보이는 얼굴의 표정과 몸짓을 만들어내기 위해 감정을 관리하는 일'이라고 정의하고, 직업적으로 요구되는 감정표현을 위해 자신의 진짜 감정을 숨기는 것이 업무의 40% 이상인 사람을 감정노동자라고 한다(윤서영, 2020).

이후 많은 연구가 진행되면서 감정노동에 관해 학자별로 다양한 정의가 내려진다. Ashforth & Humphrey는 감정노동에 관해 '특정한 상

연구자별 감정노동의 정의 및 연구(윤서영, 2016)

학자	연구
Alie Russell Hochschild(1983)	감정노동 용어 최초 사용. 항공사 종업원을 대상으로 한 경험연구를 통해 감정표현의 규칙이 존재함을 발견.
Ashforth & Humphrey(1993)	감정노동을 특정 상황에 적절한 감정을 표현하는 행위로 정의.
Morris & Feldman (1996)	감정노동이란 종업원과 고객 간 상호 교환과정에서 조직으로부터 요구되는 감정표현을 위한 종업원의 노력, 계획 그리고 통제로 정의. 감정표현에서 개인특성 및 작업 환경요인의 중요성 강조.
Grandey(2000)	감정노동이란 조직목표를 달성하기 위해 느낌 및 감정표현을 규제하는 과정이라고 정의. 근로자의 감정노동 강도를 측정

황에서 적절한 감정을 표현하는 행위'로 정의했으며, Morris and Feld-man은 '종업원과 고객 간 상호 교환과정에서 조직으로부터 요구되는 감정의 표현을 위한 종업원의 노력, 계획 그리고 통제'라고 정의했다. 2000년대 들어 Grandey의 연구에서 '조직목표를 달성하기 위해 느낌 및 감정표현을 규제하는 과정'이라고 정의하면서 감정노동 정도를 측정했다. 이처럼 연구자별로 감정노동의 정의를 정리하면 〈연구자별 감정노동의 정의 및 연구〉와 같다.

이후 Ashforth & Humphrey는 감정노동의 한 연구에서 기업에서 종업원에게 기대하는 감정의 '표현규칙(Display Rule)'이 있다고 주장하며 새로운 용어를 제시했다. 기업이 서비스를 제공하면서 상황에 맞는 감정표현규칙을 종업원에게 기대하며, 종업원도 이러한 기업이 기대하는 감정표현규칙을 표현하고자 노력한다는 것이다. Ashforth & Humphrey는 직업에서 요구하는 감정표현규칙에 따라 긍정적 감정표현규칙, 중립적 감정표현규칙, 부정적 감정표현규칙으로 분리해 설명하였다. 해당 연구에서 직업적인 감정표현규칙의 예로 항공사 승무원은 밝고 친근하게 표현하며, 장례사는 엄숙하고 겸손하게 표현하고, 간호사는 공감적이고 협력적인 감정을 표현하며, 경찰 조사관은 불안을 유발하는 적대감과 차가움을 표현하고, 의사는 객관성과 감정적 평형을 유지하는 감정을 표현한다고 언급했다(윤서영, 2020).

Ashforth & Humphrey(1993)의 연구는 이후의 감정노동에 관한 연구에 영향을 주어 Schaubroeck & Jones(2000), 지진호(2009), 문영주(2013), 고인곤·문명주(2017), 김중인(2018) 등 국내 외 많은 연구에서

감정표현규칙에 관한 연구가 진행되었다. 감정표현규칙의 용어는 연구마다 조금씩 다르게 표현되었다.

공감·긍정적 감정표출, 중립적 감정표출, 부정적 감정표출로 기재하기도 했으며(문영주, 2013), 긍정감정표현규칙, 중립감정표현규칙, 부정감정표현규칙으로 기재하기도 했고(김중인, 2018), 지각된 긍정적 감정표현규칙, 지각된 중립적 감정표현규칙, 지각된 부정적 감정표현규칙으로 기재하기도 했으며(윤서영, 2020), 긍정적 감정노동, 중립적 감정노동, 부정적 감정노동으로 기재하기도 했다(고인곤·문명주, 2017).

이처럼 다양한 연구에서 직업별로 상황에 따라 조직이 종사원에게 요구하는 감정표현규칙에 대해 설명하고 있는데, 이것이 감정노동을 유발하기 때문에 최초의 요인이 되는 '감정표현규칙'과 그로 인해 발생하는 '감정노동'의 용어를 혼합해서 사용하고 있음을 알 수 있다.

이 책에서는 독자의 이해를 돕기 위해 가장 친근한 '감정노동'의 용어를 사용해 긍정적 감정노동(=긍정적 감정표출, 긍정감정표현규칙, 지각된 긍정적 감정표현규칙), 중립적 감정노동(=중립적 감정표출, 중립감정표현규칙, 지각된 중립적 감정표현규칙), 부정적 감정노동(=부정적 감정표출, 부정감정표현규칙, 지각된 부정적 감정표현규칙)으로 표기하고자 한다. 이에 속한 직업군도 각각 긍정적 감정노동 직업군(=긍정적 감정표현규칙 직업군), 중립적 감정노동 직업군(=중립적 감정표현규칙 직업군), 부정적 감정노동 직업군(=부정적 감정표현규칙 직업군)으로 표기했다.

감정노동 직업군

서비스업에서만 감정노동이 발생하는 것이 아니라는 점은 〈감정노동을 많이 수행하는 직업 30선〉에서도 볼 수 있다. 표에서 보면 알 수 있듯이, 마술사와 약사 및 한약사처럼 대중이 감정노동 직업이 아니라고 생각하는 직업도 포함되어 있다. 직업군을 살펴보면 장례상담원 및 장례지도사, 응급구조사, 간호사(조산사 포함), 결혼상담원 및 웨딩플래

감정노동을 많이 수행하는 직업 30선(KRIVET Issue Brief, 2013, 26호)

직업명	평균	직업명	평균
항공기 객실 승무원	4.70	물리 및 직업 치료사	4.20
홍보 도우미 및 판촉원	4.60	비서	4.19
통신서비스 및 이동통신기 판매원	4.50	스포츠 및 레크리에이션 강사	4.18
장례상담원 및 장례지도사	4.49	치과의사	4.16
아나운서 및 리포터	4.46	사회복지사	4.16
음식 서비스 관련 관리자	4.44	여행 및 관광통역 안내원	4.15
검표원	4.43	경찰관	4.15
마술사	4.39	결혼상담원 및 웨딩플래너	4.13
패스트푸드점 직원	4.39	유치원 교사	4.13
고객 상담원(콜센터 상담원)	4.38	연예인 및 스포츠 매니저	4.13
미용사	4.35	경호원	4.12
텔레마케터	4.35	보험 영업원	4.12
출납창구 사무원	4.34	보육교사	4.12
응급구조사	4.34	약사 및 한약사	4.11
간호사(조산사 포함)	4.33	여행상품 개발자	4.10

너, 여행상품 개발자, 여행 및 관광통역 안내원과 같이 인생에서 중요한 사건(결혼, 이혼, 출생, 사망)과 연관된 직업의 감정노동이 높은 것을 알 수 있다. 이처럼 인생 극한의 상황에서 만나는 직업군은 평상시 평온한 그 사람의 인격을 보는 것이 아니라 본인도 처음 겪는 극한의 자기를 만나는 시점을 함께 한다는 데 의미가 있다. 무당도 이처럼 인생의 극한 상황에 찾아가는 직업 중 하나라고 본다면 무당의 감정노동 수치를 어느 정도 짐작할 수 있을 것이다.

영을 맑게 하기 위해서 무당은 산 기도를 주기적으로 가야 합니다. 산에 올라가 명기를 받으면 산신과 선녀를 만날 수 있으며 간혹 공수를 내려주시기도 합니다. 이것은 모든 무당의 공통점이에요.

명기를 잘 받을 수 있는 산은 일반인이 아는 명산과 크게 다르지 않습니다. 일반인인 등산객들도 좋은 기운을 받으려고 등산하잖아요. 무당은 그 좋은 기운을 신기로 받는 것일 뿐이죠. 태백산, 계룡산, 지리산, 한라산, 삼각산 등의 명산이 제가 자주 기도하러 올라가는 산입니다.

명산에는 대부분 무당이 기도하는 기도 터가 별도로 있어요. 그래서 기도상 차림을 준비해서 기도 터로 올라가 기도를 올려요. 그런데, 기도 터로 만족스럽지 않을 때가 있습니다. 왜 안 그렇겠어요! 명산이잖아요. 그래서 산을 올라가다 명기를 보면 그 자리에서 바로 기도를 올리기도 합니다. 내가 앉은 곳이 기도 터가 되는 것이죠.

이렇게 산에 올라가 허공에 기도하는 것을 허공 기도라 합니다.

산신각

용궁

뽕할머니 신당

허공 기도는 산의 명기, 서기가 많은 곳에서 행해야 신들께 올라가며, 신들이 들으실 수 있죠. 그래서 무당들은 명기, 서기를 찾아 산을 헤매기도 합니다.

무당이 되고 나서 안 올라간 산이 없을 정도로 많은 산을 숱하게 올랐어요. 책을 쓴다니 하나 건의하고 싶은 것이 있어요. 기독교는 교회가 있고, 천주교는 성당이 있고, 불교는 절이 있습니다. 그런데 박정희 정권 때 '무신 타파' 운동이 펼쳐지며 무당의 기도 터가 많이 파괴되었어요. 이후에 우리는 근근이 기도 터를 닦아 기도를 올리고 있지만 많이 부족한 상황입니다.

무당이 민족종교로 인정받은 지 얼마 되지 않았지만 앞으로 마음 평안히 기도할 수 있는 기도 터가 더 생겼으면 하는 바람입니다. 무당도 좋은 곳에서 좋은 기운을 받아 기도 올리고 싶은 마음이 있답니다. 아무 데나 초를 켠다고 욕하거나 벌금을 물릴 것이 아니라 평안히 기도에만 집중 가능한 시설이 필요합니다.

에피소드_ 기도를 가다

애동 제자들은 신내림 받은 후 처음에는 신기를 조절하기 힘들어한다. 말하자면, 신이 내려주는 공수를 이해하고 기도가 필요하면 기도하고 굿이 필요하면 굿을 해야 하는데 이것에 대한 이해가 낮은 편이다. 이것도 연륜이 지나면서 자연히 터득하는 것이라 책으로 배울수 없다. 오늘도 애동 제자 한 명에게 아침부터 전화가 왔다. 늘 그렇듯이 애동 제자는 큰일이라도 난 것처럼 호들갑이다.

제자　안녕하세요~ 선생님! 아침 식사하셨어요?

선생　먹었지! 왜 이리 일찍부터 전화를 하셨을까? 무슨 일 있어?

제자　무슨 일은 날마다 있죠! 제가 어젯밤에 꿈을 꿨는데 무슨 의미인지 도통 모르겠어서요.

선생　대체 무슨 꿈이었길래 그래?

제자　목욕탕 꿈이었어요. 냉탕과 온탕이 있는데, 탕마다 가득히 아이들이 놀고 있는 거예요. 그렇게 신나게 노는 아이들 꿈을 꾸고 일어났는데 기도를 가라는 말씀이신 거 같긴 한데…. 어디로 가야 될지 도통 모르겠어요.

선생　방생하라는 꿈이다. 바다로 기도하러 가야겠다.

제자　그럼 어느 바다로 갈까요?

선생	서해바다로 갈까?
제자	서해바다요? 아휴, 이제야 속이 후련하네요. 이렇게 반만 알아들으니 큰일이에요.
선생	바다에 가서 더 기도 정진하여라!
제자	네! 얼른 준비하고 출발하겠습니다!

또 다른 에피소드도 있다.

제자	선생님! 어제는 꿈에 외갓집이 나왔어요. 외갓집 안방과 건넌방이 보였는데, 안방에 들어가니 외할머니가 계시더라고요. 그리고 건넌방에 가니 이모와 삼촌들이 앉아계셨어요. 모두 모여계신 걸 보고 깼는데, 이건 무슨 꿈일까요?
선생	무슨 꿈이긴 무슨 꿈이야! 외갓집 조상님들이 쭉 오셨는데…. 굿 한판 해야지! 외갓집 조상님들 풀어드려야겠다.
제자	그래요? 다들 한 번에 꿈에 나타나셔서 놀랐어요. 잔칫상이 그리우셨나 봐요.
선생	산에 가서 기도드리고 한번 풀어보자!
제자	알겠습니다. 어느 산으로 갈까요?
선생	당연히 너희 본향으로 가야지! 본향이 어디지?
제자	충청도예요.
선생	충청도라… 그러면 오서산으로 가자! 거기가 좋겠다.
제자	네! 알겠습니다. 상차림은 떡, 과일, 술, 안주, 사탕, 쌀 이렇게

챙기겠습니다.

선생   조상님의 옷과 향도 챙겨 오너라!

제자   네! 알겠습니다. 준비 마치고 출발하면서 전화드릴게요.

이렇게 애동 제자에게 내려주시는 공수를 같이 해석하고 함께 기도를 가거나 굿을 하기도 한다. 굿과 기도도 전형적인 틀이 정해져 있는 것이 아니라 대상이나 목적에 따라 조금씩 다르기 때문에 함께 진행하면서 가르치는 것이다.

무당은 '신내림 받은 후에 점사를 봐주고 굿하면 되겠지'라고 일반인은 생각할 수 있다. 그러나, 신내림 받은 이후에 몇 년은 고행의 시간이다. 이런 점도 다른 종교와 마찬가지이다. 진정한 만신이 되기 위해서는 배울 것이 너무나도 많다. 그래서 다른 종교도 마찬가지이지만 무당은 선생이 필요하다.

004

무당의 감정노동

무당은 긍정적·중립적·부정적 감정노동

모두에 노출되어 있으며,

인생 극한의 상황에서 만나는 직업이기도 하다.

높은 감정노동에 노출된

무당의 산업재해 보호가 필요하다.

무당의 감정노동 직업군

•

그렇다면 무당은 어떤 감정노동 직업군에 속할까? 처음 의뢰인이 점집에 들어가면 보통 웃으면서 응대할 것이다. 보통의 첫 대면 상황은 다음 대화와 같다.

무당1　어서 오세요! 지금 상담 중이니까 조금만 기다리세요.
무당2　편하게 앉으세요. 무슨 일로 오셨어요?

이렇게 웃으면서 응대하는 것은 긍정적 감정노동에 속한다. 대부분의 연구에서 이러한 긍정적 감정노동은 내 감정 상태가 긍정적인 상황에서는 오히려 감정노동을 축소하는 것으로 나타났다(윤서영, 2020).

그러다 점사보는 도중에는 웃으면서 이야기하기 힘든 소재가 많을 것이다. 보통 점집에 상담가는 사람은 눈물지으며 이야기하지 않으면 다행일 문제를 가져가는 경우가 대부분이지 않은가? 이런 심각한 이야기를 무당이 웃으며 말한다면 의뢰인의 기분은 어떨까? 우리나라 정서에서 이런 상황에서 웃으며 이야기한다면 상대방은 비웃거나 무시한다는 느낌을 받는다.

그래서 점사보는 상황에서 의뢰인이 무당에게 요구하는 감정노동은 무표정의 중립적 감정노동이 대부분이다. 객관적으로 인간과 신의 중간자인 제자 입장에서 무당이 신의 목소리를 의뢰인에게 들려주길 요구하는 것이다.

그러다 대화의 진전이 어렵거나 의뢰인이 무당의 이야기에 의문을 던지거나 신뢰하지 못하게 되면 언성이 높아지게 된다.

《사례 1》

의뢰인 아니, 무슨 이 집은 점사가 이래? 우리 집은 뭐 그렇게 재수 없는 집안이 아니야!

무당 1 내 말 무시하려면 무시해! 뒷일은 내가 책임지는 거 아니니까!

《사례 2》

의뢰인 이 집은 용하다더니 유튜브는 순 거짓말이었네! 뭐야?

무당 1 나가! 나가! 나도 당신같이 무식한 의뢰인 필요 없으니까 돈 가지고 나가!

예시와 마찬가지로 중립적 감정노동과 부정적 감정노동에 노출되어 있는 대표적인 직업이 경찰관과 소방관이다(윤서영, 2020). 주취자(취객)를 대할 때 처음에는 정중하게(중립적 감정노동)으로 응대한다. 그러나 술이 취한 사람에게 점잖게 말한다고 해서 대화가 되겠는가? 어느새 언성이 올라가고 주취자의 행동을 제어하기 위해 더 단호한 언행을 취해야 한다. 그것이 바로 부정적 감정노동이다.

《사례 3》

주취자 내가 말이야! 너무 속상해서 한잔했어! 아니, 코로나19 때문에 장사가 되야 말이지!

경찰관   네! 이제 집에 가셔야죠.

주취자   (울며 토한다) 내가 말이야! 으흐흐 흑!

경찰관   여기에서 이러시면 안 됩니다.

《사례 4》

주취자   내가 여기서 확 죽어버릴 거야!

소방관   선생님! 이러시면 안 됩니다. 왜 이러시나요?

주취자   친구들도 다 필요 없어!

소방관   (언성을 높이며) 선생님!

경찰관과 소방관은 상대가 극한의 상태일 때 접할 수 있는 기회에 노출되어 있다. 이 때문에 중립적·부정적 감정노동이 발생한다. 그럼 무당은 왜 이런 상황에 노출되는 것일까? 감정노동을 처음 사용한 러셀 혹실드는 사회학자이다. 연구대상자가 사회계층 구조에서 어디에 속하는지가 감정노동을 유발하는 정도와 깊은 연관이 있다(윤서영, 2020). 다른 종교인(목사, 신부, 스님)에 비해 무당은 사회계층 구조에서 아래에 있다는 사회인식이 무당의 감정노동을 높이고 있다.

이처럼 감정노동의 발생은 앞서 이야기한 무당의 사회 정체성과 깊은 연관이 있다. 종교인, 전문 직업인, 문화예술인으로 인정받는 정도가 낮은 무당은 멸시와 비판의 코드에 노출되어 있다. 모든 사람이 그런 것은 아니라도 수십 명 중에 저런 사람이 하나만 있어도 감정노동은 발생한다. 이런 사건을 겪으면서 직무 스트레스가 높아지고 화난 자신의 감정을 숨기고 응대해야 하는 상황에 놓이게 된다.

그러나 직업적으로 현재 국가에서 산업재해로 인정받는 직업군은 서비스 직종에 집중되어 있는 것이 현실이다. 물론 사건이 대서특필되며 경비원 등의 직업으로 확대되었으나 현재로서 무당은 포함되어 있지 않다. 추후 종교인, 전문 직업인, 문화예술인으로 무당이 충분히 인정받는 사회 인식이 형성되기 전까지 무당은 직업적으로 노출되어 있는 감정노동에 대해 법적으로 보호되어야 할 필요가 있다.

직업에 귀천은 있다

•

'직업에 귀천은 없다'는 말이 있다. 그러나 지금까지 각각의 직업을 어떻게 생각했는지 돌이켜 볼 필요가 있다. 직업을 바라보는 나의 시선에 귀천이 없었는지 다시 생각해보자! 과거 한국 사회의 인식은 대체적으로 '직업에 귀천이 있다'에 속했다. 우리나라처럼 '사'자 들어가는 직업을 좋아하는 나라도 없을 것이다.

지금까지는 이러한 직업별 사회 정체성으로 인해 우리가 잃는 것은 생각하지 못했다. 문화는 잃고 난 후에 인위적으로 그것을 지키려 해서 지켜지는 것이 아니다. 무당은 지금까지 내려오는 작은 전통문화부터 국가무형문화재까지 연결되어 있다. 앞으로 그 직업만의 독특함, 개성을 존중하는 문화가 필요하다. 문화는 어느 한 사람의 생각으로 쉽게 변화되지 않는다. 변화의 시점까지 한 사람, 한 사람의 노력이 필요하다. 2019년 무당이 민족종교로 인정받은 것이 이러한 직업적 존중의 시발점이 되길 희망하며 존중받는 직업 중 하나가 무당이 되길 기원하는 바이다.

무당의 기본 역할이 중생구제인데 당연히 중생구제가 이루어
졌을 때 성취감을 느낍니다. 기도나 굿을 해서 아프신 분은 낫
고, 학교를 들어가길 원하셨던 분은 합격하는 등 의뢰인의 소원
성취를 이루는 것이 가장 행복감을 느끼고 기쁨을 느끼죠.

병원에서 말기 암 판정을 받았는데 신에게 기도를 올리고 나서
완치 판정을 받은 신도가 있었어요. 그리고 어린 나이에 신이
와서 신병을 얻는 경우가 있는데 무당이 신의 별전을 다독여주
는 것으로 해소되는 사례가 있어요. 모두 그렇다는 것이 아니라
해결이 가능한 경우가 있고 그렇지 못한 예도 있죠. 이건 제자
의 세계에서는 그렇게 어렵지 않은 일이거든요. 어린 나이에 무
슨 고생입니까? 저도 자식을 키우는 처지에서 이런 것을 해결
해주었을 때 뿌듯함을 느낍니다. 또 십 년 동안 팔리지 않았던
집이 기도로 팔리는 예도 있었고요. 이런 사례야 제가 무당을
한 지 20년이 넘어서 열거하자면 밤을 세서 이야기해야죠.

신도의 이야기 외에 떠오르는 것은 애동제자들입니다. 저도 겪
어봐서 알지만 처음 신내림 받은 후에는 앞이 깜깜하거든요. 무

엇을 해야 할지 모르니까요. 그런 애동제자들을 무당으로서 살아갈 수 있도록 도와주는 것도 제가 해야 할 일 중 하나라고 생각합니다. 그래서 애동제자와는 기도도 함께 가고 굿거리도 함께 합니다. 함께 가서 애동제자의 기도나 굿을 봐주며 저도 제 기도나 굿을 해야 하니까요. 그렇게 제자들의 길 안내자도 제 몫이면서 애동제자가 성장하는 모습을 보면 뿌듯하죠.

그리고 하나 더 이야기하면 굿상에는 굿에 참석하는 사람들이 다 먹을 수 없을 정도의 음식이 올라갑니다. 한 달이면 몇 번씩 굿을 하니 그 음식도 굉장합니다. 굿을 한 신도에게 보내기도 하지만, 워낙에 음식이 많으니까요. 신도에게 몇 상자씩 보내도 남는 것이 굿 상의 음식입니다. 그래서 주변에 양로원이나 보육원에 나누어줍니다. 예전에는 굿상이 잔칫상이었으니 동네잔치였고, 돼지 한 마리, 소 한 마리 올려놓고 그날 고아서 동네 전원이 먹고 싸 가고 했으니까요. 그래서 무당의 전통문화는 이런 주변 일원들과 함께 할 수밖에 없습니다. 힘든 시기에 나눔을 할 수 있다는 것만으로도 신께 감사하며 살 일입니다.

에피소드_ 춤사위 배움

애동 제자들은 처음에는 많은 부분에서 어려움을 겪는데, 그중에서 가장 힘들어하는 것은 아무래도 굿을 하면서 추는 춤이다. 춤사위는 하루아침에 받는 신내림과 같지 않다. 그래서 기도를 통해 영통하는 것처럼 끊임없이 연습해야 한다.

그럼에도 애동 제자들은 한두 번 해보고 안 되면 조바심을 내기 마련이다. 그러니 또 애동 제자 아니겠는가?

제　자　선생님, 저도 선생님처럼 굿거리를 하고 싶은데, 어떻게 하면 그렇게 잘하게 되나요?

선생님　네가 기도를 열심히 해야 되지! 굿의 재주는 선생님에게 전수 받아야 하는 부분이긴 하지만 연습하면서 익히는 것은 네 몫이다. 무당으로서 소양을 다 갖추고 싶다면 문서와 굿거리의 춤사위(재주)는 익혀야 돼!

제　자　잘하고 싶은데 아무리 연습해도 춤사위에 몸에 익지 않아요. 너무 어색하다니까요.

선생님　그럼 더 연습해야지! 될 때까지 해야지! 반복 연습이 최고야. 그리고 기도를 많이 올리면 트일 수 있지만 그렇게 빨리는 어려워! 더 연습해야 해!

제　자 그럼, 선생님 언제쯤이면 더 잘할 수 있을까요?

선생님 공으로 되는 일은 하나도 없어! 굿이랑 기도는 어쩔 수 없이 피나는 노력이 필요한 부분이라서…. 더 열심히 해!

제　자 스승님이 알려주셔야 제자가 더 잘하지 않겠어요?

선생님 네가 하는 행동을 항상 신들이 보고 계시다는 것을 잊지 말아라! 무엇이 되었든 열심히 하고 시간이 지나면 자연스럽게 나아지겠지만 만신이 돼서 물질적인 탐욕은 하지 말아야 해!

제　자 네! 명심! 또 명심하겠습니다.

선생님 알았으면 투덜거리지 말고 얼른 가서 연습해!

무당은 답이 있는 길도 아니고 자신이 선택한 길도 아니다. 무당이 되는 과정에서 이미 많은 고통을 겪은 그들의 춤사위에서는 한이 보이기 마련이다. 애동 제자에게는 연습만이 살길이라고 말했지만 계속해서 기도 정진하라는 것은 기도를 올리다 보면 영통하는 순간 자신의 한이 춤사위로 나오기 때문이다. 이 또한 말로 배울 수 있는 것이 아니니 애동 제자도 기도 정진하다 보면 득하지 않을까? 선생은 방향만 알려줄 뿐 어차피 길은 자신이 가야 하는 것이다.

참고문헌

— 김명자,『한국무속학 5』, 한국무속학회, 2002.

— 김성례,『한국 무속에 나타난 여성 체험: 구술 생애사의 사사 분석』, 한국 여성학, 제7집, 1991.

— 김수남 외,『한국의 굿』, 열화당, 1985.

— 김태곤,『한국무속연구』, 집문당, 1985.

— 김항원,『제주도 주민의 정체성에 관한 연구』, 서울대학교, 1990.

— 박미경,『진도 씻김굿 연구-종족음악학적 접근』, 계명대학교 출판부, 2004.

— 석유미,『진도씻김굿 무무의 현대적 수용양상 연구』, 고려대학교, 2021.

— 성병희,『하회별신탈놀이』, 한국민속학회, 1980.

— 안미정,『제주 해녀의 이미지와 사회적 정체성』, 제주대학교, 1997.

— 윤서영,『내 마음의 고요함, 감정노동의 지혜』, 커리어북스, 2016.

— 윤서영,『모든 직업에서 감정노동이 발생한다』, 커리어북스, 2020.

— 이두현,『황해도평산소놀음굿』, 서울대학교, 1988.

— 임선진,『무당의 사회문화적 정체성』, 전남대학교, 2010.

— 장사훈,『한국음악사』, 정음사, 1976.

— 정수복,『한국인의 문화적 문법』, 생각의 나무, 2007.

— 조흥윤,『한국의 샤머니즘』, 서울대학교 출판부, 1999.

— 최길성,『새로 쓴 한국 무속』, 아세아 문화사, 1999.

— 애드워드 쉴지,『전통』, 민음사, 1992.

— 한국학중앙연구원,『한국민족문화대백과』, 한국학중앙연구원.

— 홍태한,『서울진오기굿』, 민속원, 2004.

— 한국민족문화대백과사전

무당도 직업이다
커리어북스 직업 시리즈 01

초판 1쇄 발행 2022년 1월 28일

지은이 최광현, 커리어북스 편집부
펴낸이 윤서영
펴낸곳 커리어북스
디자인 신미경, 커리어북스 편집부
일러스트 정원
편집 김정연
인쇄 도담프린팅

출판등록 제 2016-000071호
주소 용인시 수지구 수풍로 90
전화 070-8116-8867
팩스 070-4850-8006
블로그 blog.naver.com/career_books
페이스북 www.facebook.com/career_books
인스타그램 www.instagram.com/career_books
이메일 career_books@naver.com

값 15,900원
ISBN 979-11-92160-01-6 (03190)